KB145830

기기묘묘 고양이 한국사

오늘 만난 고양이 어디서 왔을까
기기묘묘 고양이 한국사

초판 1쇄 발행 2021년 1월 15일
초판 3쇄 발행 2022년 1월 10일

지은이   바다루
펴낸이   이영선
책임편집 이현정

편집   이일규 김선정 김문정 김종훈 이민재 김영아 김연수 이현정 차소영
디자인   김회량 이보아
독자본부 김일신 정혜영 김민수 박정래 손미경 김동욱

펴낸곳 서해문집 | 출판등록 1989년 3월 16일(제406-2005-000047호)
주소 경기도 파주시 광인사길 217(파주출판도시)
전화 (031)955-7470 | 팩스 (031)955-7469
홈페이지 www.booksea.co.kr | 이메일 shmj21@hanmail.net

ⓒ 바다루, 2021
ISBN 979-11-90893-43-5 03910

이 도서의 국립중앙도서관 출판예정도서목록(CIP)은 서지정보유통지원시스템 홈페이지(http://
seoji.nl.go.kr)와 국가자료공동목록시스템(http://www.nl.go.kr/kolisnet)에서 이용하실 수
있습니다.(CIP제어번호: CIP2020052081)

오늘 만난 고양이 어디서 왔을까

기기묘묘
고양이
한국사

바다루

서해문집

고양이와 인연을 만들어 가는

모든 분들에게

고양이와 한국인,
그 기 나 긴
동 행 을 따 라 서

오늘날 인터넷에는 매일같이 수많은 고양이 사진과 영상이 오르내리고, 사람들은 고양이의 모습을 보며 잠시 지친 일상에서 벗어나 귀여움을 느끼고 위로받는다. 그저 지켜보는 것만으로도 매혹되는 존재, 고양이는 그 신비한 마력으로 세계에서 가장 강력한 콘텐츠 중 하나가 되었다.

하지만 역사 속으로 들어가 보면 고양이만큼 지난한 굴곡을 겪은 동물도 없다. 중세 유럽에서는 악마의 하수인으로 여겨져 끔찍한 학대와 학살을 겪었는가 하면, 반대로 고대 이집트에서는 여신의 신성한 상징으로 간주되어 대중적인 숭배를 받았다. 중국에서는 고양이의 힘을 빌려서 다른 사람을 저주할 수 있다고 믿었고, 일본의 고양이 인형은 지금까지도 재물을 부르는 부적으로 쓰이고 있다. 시대와 지역에 따라 고양이를 대우하는 사람들의 자세가 그야말로 극과 극인 셈이다.

우리나라의 경우에는 어땠을까? 생각해 보면 우리는 정작 한국의 고양이에 대해서는 모르는 것이 너무나 많다. 언제부터 우리와 함께 살았는지, 무엇을 먹고 어떻게 놀았는지, 어떤 장난을 치고 무슨 사건을 벌였는지, 그런 모습을 사람들은 어떻게 바라봤는지 등등 질문은 꼬리에 꼬리를 물고 이어진다. 《기기묘묘 고양이 한국사》는 바로 그러한 호기심을 가진 독자들을 위해 준비한 책이다.

흔히 한국사 속의 고양이라고 하면 조선 후기에 김득신이 그린 〈파적도〉를 떠올리고는 한다. 병아리를 물고 달아나는 고양이와 뛰쳐나가는 집주인의 모습을 절묘하게 포착한 이 그림은 남다른 익살과 생생함으로 널리 알려져 다양한 방식으로 패러디되고 있다. 병아리 대신 보리를 물고 뛰는 고양이를 로고로 만들어 사용하는 맥주 브랜드가 있을 정도다. 〈파적도〉 속 고양이는 사람의 재산을 훔치는 '도둑고양이'에서 사랑스러운 '홍보 모델'이 된 것이다.

고작 10여 년 전까지만 해도 우리 주위에서 도둑고양이라는 말을 어렵지 않게 들을 수 있었다는 사실을 떠올려 보면, 한국 사회가 고양이를 대하는 관점이 짧은 시간 사이에 급격히 개선되었음을 알 수 있다. 다만 이런 변화는 그 뿌리가 얕은 만큼 흔들리기도 쉽다. 따라서 이 시점에 고양이와 한국인이 공존해 온 역사를 돌아봄으로써 변화의 뿌리를 깊게 내리고, 앞으로의 동행에서 발생할 수 있는 난제들을 미리 진단하는 작업이 필요하다.

인류는 부단히 기술을 발달시키며 미지의 영역에 대한 존중을 상실하고, 돈으로 생명을 살 수 있고 또 쉽게 저버릴 수 있다고 생각하게 되었다. 그러나 작고 푸른 별 지구 위에서 모든 생명은 본질적인 차원에서 동등한 존재다. 어떤 생명도 처음부터 다른 생명의 장난감이나 먹잇감이 되기 위한 목적으로 이 세상에 태어나지는 않는 법이다.

'인간의 고양이'가 아니라 '고양이와 인간'이라는 시선으로 과거를 보면, 고양이도 끊임없이 우리와의 관계를 조정하고 자신을 바꾸며 함께해 왔다는 걸 알 수 있다. 길가를 떠도는 한 마리 고양이에게는 한반도에 살았던 사람들, 나아가 인류가 고양이와 때로는 갈등하고 때로는 공생한 시간이 깃들어 있는 것이다. 우리가 고양이를 바라볼 때 고양이는 자기가 겪었던 수많은 인간의 영혼을 고스란히 비춰 보여 준다. 그 면면을 담은 이 책을 통해 오늘 만난 고양이의 말 없는 목소리에 귀 기울여 보기를 소망한다.

끝으로 이 책은 단순히 필자 개인이 들인 노력의 산물이 아님을 강조하고 싶다. 처음 인터넷에 연재할 당시 호응해 준 수많은 독자들과 책으로 엮을 것을 제안하고 부족한 문장을 끊임없이 다듬어 준 서해문집 편집부가 아니었다면 세상에 나올 수 없었을 것이다. 글을 쓸 때에는 고양이와 인간의 입장을 동등하게 살피기 위해 노력했지만, 그럼에도 미처 신경 쓰지 못한 부분이 있을 수 있다. 아무쪼록 고양이 여러분께서도 너그럽게 이해해 주시기를 바랄 따름이다.

2021년 1월
바다루

선비들의 사랑을 받다

한국사를 뒤흔든 고양이 스캔들

고양이에 대한 관찰과 상상

가장 찬란한 순간

격동하는 시대 속에서

공존을 향한 발걸음

연표

참고문헌

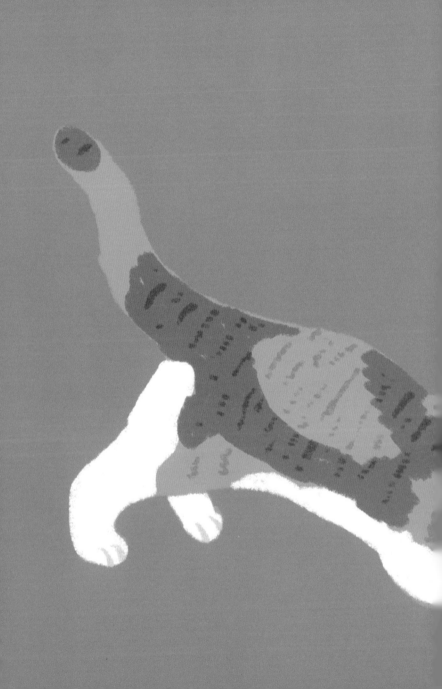

고양이 조상들의 오디세이

세계에 키우는 고양이 종류가 9종이나 되지만, 본래
고향은 다 같이 이집트다. 유대가 망하고 이스라엘 민족이
세계를 떠도는 것처럼 고양이도 묘왕猫王 전성기를
지내고 산지사방散之四方 한 것이라니 회고의 비감이
있다. 그래서 지금 고양이는 쥐 잡는 고역을 감수하는지
모르겠다. ⋯ 이집트에서는 고양이가 귀여움을 받는
것보다 숭배를 받아, 고양이를 죽인 자는 고의인지
아닌지 불문하고 사형이었다니 이집트가 쇠하지 않고

왕정시대였더라면 조선에서 고양이를 학대한다고

의분에 넘쳐 문죄토군問罪討軍이라도 파견하였을 것이다.

이집트에서는 고양이를 하느님같이 숭배하여 고양이가

죽으면 왕자王者의 예로 장사 지내고 그 유해는 미라로

만들었으니, 그 지위가 귀족이나 왕자보다 못할 것이

없었다. 지금 고양이들이 자기의 선선대대의 황금시대를

본다 하면 얼마나 서러워할까!

_ 〈동아일보〉 "학창산화 묘猫" 1925년 5월 2일

원시 고양이의
지 구 별
대 모 험

지금으로부터 850만 년 전. 지구의 기후가 건조해지고 바다의 수위가 낮아지면서 시베리아와 알래스카 사이에는 좁고 긴 육지가 모습을 드러냈다. 우리는 이것을 가리켜 '베링 육교Beringia'라고 부르지만, 사실 이 시기의 베링 육교는 안정적인 땅을 가리키는 것이 아니었다. 적어도 일부 구간은 바다 밑바닥이 물 위로 드러나지 않았기 때문에 썰물 때 잠시 나타나는 갯벌이거나 겨울이 되면 얼어붙어 건널 수 있는 얕은 바다에 지나지 않았다. 둘 가운데 어느 쪽이든 아시아와 북아메리카 사이에 동식물의 전파가 일어나기는 힘든 조건이었다.

그러던 중, 아시아에 살고 있던 한 무리의 원시 고양이들이 과감히 이 도전에 뛰어든다. 온몸에 치타처럼 검은 반점이 있고 덩치가 지금의 고양이보다 두 배는 커다란 녀석들이었다. 이들이 무엇 때문에 차가운 겨울 바다로 길을 나섰는지는 정확하게 알 수 없다. 하지만 원시 고양이들은 혹독한 바다 한가운데를 85킬로미터가 넘도록 가로지른 끝에 그전까지 가 본 적 없던 새로운 육지에 발을 들여놓았다.

이들이 도착한 북아메리카 대륙은 그야말로 완전히 다른 세상이었다. 오래전부터 이곳에는 그들의 먼 친척인 검치호랑이들이 자리를 잡고 막강한 송곳니를 이용해 먹이사슬의 정점으로 군림하고 있었기 때문이다. 그러나 건조한 기후로 인해 숲이 사라지고 그 자리에 사바나 초원이 들어서자, 초식동물의 종류가 숲에 사는 것들에서 들판을 뛰어다니는 것들로 대체되기 시작했다. 포식자의 입장에서도 이제는 작고 날렵한 몸이 매복과 사냥에 유리했다. 육중한 검치호랑이들은 변화하는 지구에 적응하지 못해 서서히 사라져 갔고, 원시 고양이들은 민첩한 방향으로 진화하며 성공적으로 살아남을 수 있었다.

베링 육교는 이윽고 물에 잠겼다. 아시아와 북아메리카 대륙의 원시 고양이들은 분리된 채 서로 다른 진화의 길을 걸어 나갔다. 아시아의 원시 고양이들은 으르렁거리는 덩치 큰 짐승(사자·호랑이·표범 등)으로, 북아메리카의 원시 고양이들은 가르랑거리는 작은 짐승(고양이·퓨마·스라소니 등)으로 진화하게 된 것이다.

다시 200만 년이 지나고 바다의 수위가 내려간 동안, 베링 육교를 통해 아시아로 돌아온 북아메리카의 원시 고양이들은 과거에 동족이었다고는 믿기 어려울 만큼 달라진 친척들의 모습에 놀라고 말았다. 하지만 그들은 곧 이곳에서도 자신의 생존 전략이 제법 효과적이라는 사실을 알 수 있었다. 육중한 앞발과 강력한 턱 힘으로 사슴이나 멧돼지 같은 사냥감을 뼈까지 으스러뜨리는 덩치 큰 친척들과 달리, 그들은 사바나 초원에서 갈고닦은 몸놀림으로 참새나 생쥐처럼 조그맣고 재빠른 사냥감을 노리는 전술을 발달시켰다. 틈새시장의 공략이라고나 할까!

이로써 우리의 주인공들은 아시아의 서쪽으로, 서쪽으로 점점 더 멀리 퍼져 나갔다. 이제 그들의 앞을 막는 것은 구름

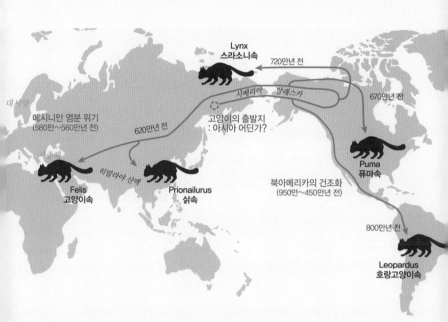

원시 고양이의 이주와 고양잇과 동물의 분기 과정

북아메리카 대륙의 초원은
원시 고양이 진화의 요람과도 같았다.

위로 높이 솟아오른 히말라야산맥뿐이었다. 인도 판이 아시아 판에 부딪치면서 지각을 찌그러뜨려 만든 이 거대한 산맥은 당시 이미 동물들이 넘기 힘든 장애물이 되어 있었다. 그럼에도 일부 원시 고양이들은 이 난관에 굴하지 않고, 동족 대다수를 등 뒤에 남겨 둔 채 산맥을 넘어 또 다른 미지의 땅으로 들어선다. 바로 이 소수의 용기 있는 도전자들이 지금까지 존재하는 모든 고양이속Felis 동물의 조상이다.

'최초의 고양이'라고 부르기에 손색없는 이 고양이들이 살게 된 지역도 그리 만만한 곳은 아니었다. 오늘날 이곳에는 맑고 푸른 지중해가 보석처럼 반짝이고 있지만, 최초의 고양이들이 살던 시대에는 죽음의 사막이었다. 재앙의 원인은 아프리카 대륙이 유럽에 접근하면서 지중해와 대서양의 접점인 지브롤터 해협을 막아버린 것에 있었다. 외부로부터 고립되어 하나의 거대한 물그릇이 된 지중해에 덥고 건조한 기후가 더해지자 해마다 3300세제곱킬로미터라는 경이로운 속도로 바닷물이 증발되기 시작했다(5년마다 황해 하나가 사라진 꼴이다!). 바닷물이 사라진 자리는 아무것도 자라지 못하는 두꺼운 소금 사막과 소금 호수가 되었다. 그러다 어느 시점에 이르면 바닷물이 다시 지중해로 유입되고, 이 모든 재앙이 처음부터 다시 시작되었다. 20만 년 동안 무려 40번 넘게 반복된 이 '대홍수'의 흔적은 지금도 지중해 바다에 엄청난 두께의 소금층으로 남아 있다.

지질학자들이 메시니안 염분 위기Messinian salinity crisis 라고 부르는 이 사건은 대서양 일대를 넘어 지구의 전반적인 기후와 환경에 적지 않은 타격을 줬다. 코끼리, 코뿔소, 말, 돼지, 사슴, 영양의 가까운 친척들이 대부분 멸종되었고 당연히 고양이도 이 여파에 휩쓸렸다. 지중해 부근에서 사태의 직격탄을 맞은 고양이들은 이 가혹한 재앙이 끝난 뒤에도 오랫동안 국지적인 집단에서 벗어나지 못했다. 진화를 통해 사막에 가장 잘 적응한 극소수의 고양이만이 살아남아 더 나은 미래를 맞이할 수 있었다.

사막을 방랑하며 근근이 종족을 유지하던 그들에게 다시 기회가 찾아온 것은 지금으로부터 350만 년 전의 일이었다. 지각변동이 일어나 해류가 단절되어 북극이 처음으로 현재와 같이 얼어붙었고, 급기야 지구 전체가 차갑고 건조해져버린 것이다. 본격적인 빙하기의 시작이었다.

검은발고양이

발바닥이 검은 털로 덮여 있어
사막의 열기로부터 발을 보호하기에 적합하다.
작은 몸집에 비해 얼굴이 크다.

많은 동물이 빙하기로 인해 사라졌지만, 북아메리카의 건조한 사바나 초원과 지중해의 소금 사막을 두루 겪으면서 진화한 고양이들에게 빙하기의 도래는 절호의 순간이었다. 먹이를 두고 고양이와 경쟁하던 족제빗과 동물들이 파괴된 서식지를 떠나 북쪽으로 물러났고, 고양이는 그들의 빈자리를 대신 채우면서 지중해를 벗어나 유럽과 아프리카로 퍼져 나갔다.

오늘날 인도의 정글고양이*Felis chaus*, 아프리카 남부의 검은발고양이*Felis nigripes*, 아프리카 북부의 아프리카들고양이*Felis lybica*와 서남아시아의 모래고양이*Felis margarita*, 유럽의 들고양이*Felis silvestris* 종족들은 모두 이 시기에 갈라진 한 고양이 가족의 후손이다. 바야흐로 고양이의 시대가 막을 올린 것이다.

고 양 이 와
인 간 의
첫 만 남

방랑하던 고양이는 언제, 어떻게 인간의 곁으로 오게 되었
을까? 이 질문에 대답하기 위해서는 지중해 동쪽 끝에 있는
키프로스섬으로 날아가야 한다. 실로우로캄보스Shillouro-
kambos라는 마을에서 발굴된 기원전 7500년경의 무덤 속
에, 웅크린 사람과 함께 고양이 한 마리가 온전한 모습으로
매장되어 있기 때문이다. 현재까지 확인된 것으로는 가장
오래된 '고양이와 인간'이다. 이후 같은 섬에 있는 히로키티
아Khirokitia 유적과 서아시아의 요르단 강가에 있는 예리코
Jericho 유적에서도 고양이의 일부로 추정되는 비슷한 시기
의 유골이 확인되었다.

이러한 발견은 고양이와 인간의 첫 만남을 농경의 기원에서 찾는 가설에 강하게 힘을 실어 줬다. 기원전 1만 년경, 생쥐라는 달갑지 않은 손님으로부터 곡식을 지켜 내야 하는 처지였던 최초의 농부들이 우연히 마을 근처까지 내려와 생쥐를 잡는 고양이의 모습을 보고 고양이를 자신들의 곁으로 끌어들였다는 것이다.

이 사냥꾼이라는 역할 때문에 고양이는 인간의 주위에서 상당히 독특한 지위를 차지하게 된다. 그 자신이 능동적으로 움직이면서 사냥을 해야 하니 목줄이나 우리 따위로 묶어 둘 수 없었고, 번식도 일반적인 가축과 달리 인간의 개입 밖에서 이루어졌다. 인간에게 친화적인 개체가 생존할 가능성이 조금 더 높았을 뿐이다.

그러므로 초기의 접촉 과정에서 고양이는 수시로 인간의 마을을 벗어나 야생으로 돌아갔다. 반대로 야생 고양이가 인간의 마을에 정착하는 일도 빈번하게 일어났다. 수천 년에 달하는 인류 문명의 여명기 동안 고양이와 인간이 동거한 증거가 상대적으로 적게 나타나는 것은 아마도 여기서 비롯되었을 것이다.

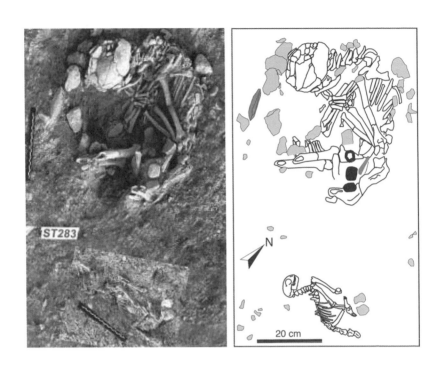

키프로스섬의 실로우로캄보스 마을 유적

인간과 고양이의 유골이 드러나 있는 사진(왼쪽)과 도면(오른쪽)이다.

고양이 조상들이 끊임없이 인간과 자연의 경계를 넘나들었고, 인간도 쥐를 잡는 고양이의 야생성을 선호했기 때문에 그 후손들은 지금도 상당한 수준의 야생성을 간직한 채 살아가고 있다. 고양이는 인간이 일방적으로 길들인 가축이 아니라, 천천히 인간과의 공생을 받아들인 동반자에 가까웠던 셈이다.

두 종의 공생은 농경이 확산되면서 비옥한 초승달 지대[*] 전역에서 일어났지만, 그 어느 곳도 이집트만큼 고양이와 인간의 관계가 밀접하지는 않았다. 잘 알려진 것처럼 나일강의 축복이 지탱하는 이집트는 사막 한가운데 굽이치는 강을 따라 이루어진 좁고 긴 농경지로 되어 있다. 이처럼 협소하고 폐쇄된 환경에서는 고양이도 한층 더 인간에게 의지할 수밖에 없었다. 이집트의 야생 고양이는 다른 지방의 야생 고양이들에 비해 유달리 인간에게 친화적인 편이어서, 그 혈통의 상당 부분이 야생으로 돌아간 집고양이*Felis catus*에 기반하

[*] 지금의 이라크, 시리아, 레바논 일대를 아우르는 초승달 모양의 지대. 거대한 강과 비옥한 평야가 있어 인류 최초의 문명인 메소포타미아 문명이 발생했다.

고 있음을 보여 준다.

급기야 이집트 사람들은 고양이에 대한 애호를 완전히 새로운 수준으로 끌어올렸다. 기원전 1500년경에 제작된 벽화에는 주인의 의자 밑에서 생선을 먹고 있는 고양이의 모습이 보이는데, 생선 한 마리를 통째로 먹고 있다는 점이 상당히 주목할 만하다. 고양이는 마을에 들어와 쥐를 잡아 주고 또 어느 순간 떠나버리는 '용병'을 넘어 사람의 애정을 받는 '가족'으로 들어오게 된 것이다. 이집트에서 사랑받는 동물은 대체로 사냥개나 원숭이 정도였지만, 이제는 고양이도 집 안에 당당히 자리를 잡고 있었다.

고양이를 바라보는 관점이 변화한 또 다른 이유는 사자와 비슷한 생김새에 있다. 원초적으로 인류는 먹이사슬의 정점에 있는 곰이나 사자를 자연에 내재된 힘의 화신으로 받들었다. 이집트인들의 경우 사자 머리를 한 위엄의 여신 하토르Hathor와 폭력의 여신 세크메트Sekhmet를 동전의 양면처럼 함께 섬겼고, 한편으로는 이 여신을 바스테트Bastet라고 부르며 사람의 출산과 사망을 보호하는 신으로 모시기도 했다. 그런데 바스테트의 의미가 시간이 흐르면서 풍

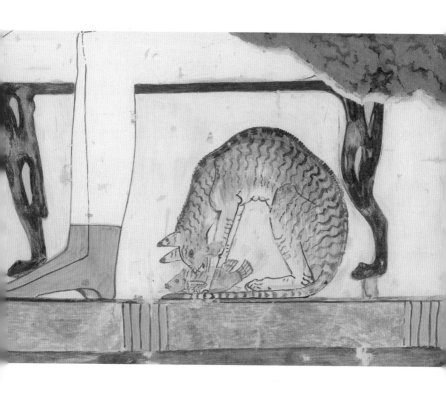

이집트 벽화 속 고양이
테베에서 발견된 고분벽화에 그려진 고양이.

요·사랑·기쁨의 여신으로 바뀌자 사나운 맹수인 사자는 그 상징으로 잘 어울리지 않게 되었다. 결국 바스테트의 상징은 사자와 모습이 비슷하면서도 인간에게 친근한 고양이로 대체되었다.

두 가지 변화가 상승작용을 일으키면서 이집트에서 고양이의 위상은 극적으로 떠올랐다. 나일강 하류에는 '바스테트의 집'이라는 뜻의 도시 '부바스티스'가 건설되었고, 기원전 935년에 이곳이 이집트의 수도가 되자 바스테트도 이집트 전체의 수호신으로 격상되었다. 이윽고 바스테트에게 바치는 신앙심의 증거로 부바스티스에 고양이 미라를 보내는 관습이 이집트 각지로 퍼져 나갔는데, 때로는 공급이 수요를 따르지 못한 나머지 어린 고양이를 일부러 죽여서 미라로 만들거나 잡동사니로 가짜 미라를 만드는 일까지 일어날 정도였다.

그러나 이런 '신성한' 이유가 아니라면 이집트에서 고양이를 해치는 것은 끔찍한 결말을 각오해야 하는 일이었다. 이집트는 알렉산드로스 대왕에게 정복(기원전 332)되어 그리스 로마 문화가 침투하는 와중에도 그들의 신앙과 관습을 오랫동안 유지했는데, 기원전 60년경 이집트를 방문한 그리스의 역사가 디오도로스 시켈로스Diodorus Sikelos는 아무리 지중해를 휘어잡은 로마의 시민이라도 이집트에서 고양이를 죽였다가는 성난 군중의 공격을 받아 죽음을 면치 못한다는 사실을 기록으로 남겼다. 평소 로마를 두려워하던 이집트 왕도 그 불운한 로마인의 죽음을 막아 주지는 못했다.

> 로마인 가운데 하나가 고양이를 죽였을 때 수많은 이들이 떼지어 그의 집으로 쳐들어갔다. 그것은 그저 우연한 사고였는데도 불구하고 그를 구하려고 왕이 보낸 관리들도, 그들이 갖고 있는 로마에 대한 두려움도 로마인이 처벌을 면하게 해 줄 수 없었다. 이는 어디서 주워들은 얘기가 아니다. 이집트를 방문했을 때, 우리 눈으로 직접 목격한 것이다.
> _디오도로스 시켈로스,《역사도서관》

이집트는 고양이를 다른 나라로 반출하는 것 또한 엄격히 막았다. 고양이가 국경 밖으로 나가는 일은 대단히 드물었으며 이집트 밖으로 전파된 것은 페르시아 제국에 정복당해(기원전 525) 국경 통제가 무너진 뒤의 일이었다. 실제로 그리스에서 발견된 최초의 고양이 그림은 이로부터 반세기 뒤인 기원전 480년경의 것이다. 고양이가 중앙아시아 방면으로도 퍼져 나갔음을 보여 주는 증거는 아직 나타나지 않았지만, 페르시아 제국의 중앙집권적 지배 방식을 고려하면 제국의 동방 속주로 파견된 지방관 중 하나가 자신이 키우는 고양이를 파견지로 데리고 왔으리라는 상상도 충분히 해 봄직하다. 다만 이 고양이의 자손이 한반도에 다다르기 위해서는 아직도 몇 번의 여정이 남아 있었다.

동아시아의
터줏대감,
삵

고양이의 조상들이 이집트에서 극적인 여정을 거치는 동안, 동아시아에 남아 있던 또 다른 원시 고양이들은 삵속Prionailurus이라는 새로운 종족으로 진화한다. 지금도 동아시아 일대의 야생에 널리 서식하고 있는 삵은 사막에서 험난한 진화의 고비를 넘은 고양이와 달리 온대기후 지역의 숲에서 살았다. 비교적 생존에 유리한 조건을 차지한 덕분인지, 순탄하게 동아시아의 터줏대감으로 자리를 굳힐 수 있었다.

동아시아에서 삵과 마주한 선사시대 사람들은 어떤 반응을 보였을까? 단서는 한반도의 여러 구석기시대 유적에서 발견된 삵의 뼈에 있다. 가장 먼저 주목할 만한 점은 뼈가 저마다 온전한 전체가 아니라 일부만 남은 채 있었다는 것이다. 이는 당시 한반도에 살던 원시 인류가 인위적으로 삵을 잡아서 해체한 흔적이다. 또한 뼈에 남은 흔적을 살펴봤을 때, 삵을 잡아먹기 위해서가 아니라 가죽을 얻으려는 목적으로 사냥했음을 알 수 있다. 이러한 양상은 삵만이 아니라 너구리, 여우, 담비와 같은 소형 식육목 동물 전반에서 흔히 나타나는 것이었다.

하지만 삵이 언제나 사냥감으로만 여겨졌던 것은 아니다. 서아시아의 농경 문명이 고양이를 인간의 마을로 끌어들인 것처럼, 동아시아에서도 문명이 발달하면서 삵과 인간의 관계는 새로운 전기를 맞는다. 기원전 7000년경부터 중국 북부의 타이항산맥太行山脈 기슭에서 시작된 잡곡 농사는 인류에게 풍요로움과 함께 쥐라는 골치 아픈 문제를 안겨 줬다. 더욱이 저장 방법이 발달하지 못한 이 시대에는 단순히 땅에 구덩이를 파고 묻어 두는 식으로 곡식을 보관했고, 이런 '창고'는 쥐들의 손쉬운 표적이었다.《시경》에 실린 한 농부의 부르짖음은 이들에게 쥐가 얼마나 심각한 문제였는지

한국에 서식하는 삵과 같은 아종亞種에 속하는 쓰시마 삵

삵과 고양이는 고양잇과 전체의 족보 안에서
아주 가까운 친척이기 때문에 구분하기 어렵다.
차이라면 고양이가 잃어버린 점박이 줄무늬와 이마 위의 희고 긴 선이다.
20세기에는 둘의 이종교배가 성공해
벵갈고양이라는 새로운 묘종이 탄생하기도 했다.

잘 보여 준다.

> 시궁쥐야 시궁쥐야 내 기장 먹지 마라
> 3년을 함께해도 내 생각은 않는구나
> 언젠가 너를 떠나 저 낙토에 가리로다
> 낙토여, 낙토여! 내가 갈 곳이로다!
> _《시경》〈위풍〉

따라서 고대 중국의 농부들이 쥐의 천적인 삶을 자신의 지원군으로 끌어들인 것은 지극히 자연스러운 귀결이었다. 중국의 고고학자들이 산시성 남부의 취엔후춘泉護村 유적에서 찾아낸 기원전 3500년경의 고양잇과 동물 뼈에서는 조와 기장에서 주로 합성되는 원소(C_{13})와 먹이사슬을 통해 축적되는 원소(N_{15})가 모두 상당한 수준으로 나타났다고 한다. 그 사실에 비춰 보면, 이 동물은 생전에 농가 주위에 머무르면서 농부가 비축한 조와 기장 따위를 갉아먹는 쥐를 다시 잡아먹고 살았던 것으로 추정된다.

비슷한 시기, 산시성 북부의 우장궈량五庄果墚 유적에 남은 증거는 더욱 적나라하다. 이곳에 있는 한 구덩이 바닥에는 돼지·토끼·족제비 뼈와 함께 고양잇과 동물 한 마리가 온전한 모습으로 누워 있었다. 그 위치로 짐작하건대 아마도 버려진 '창고'에 먹이를 찾아 들어갔다가 빠져나오지 못한 것으로 보인다. 한때 중국의 고고학자들은 이러한 발견을 근거로 중국이 고양이의 독자적인 기원지라는 가설을 제기하기도 했지만, 후속 연구를 통해 이 동물들의 정체는 결국 삵으로 드러났다. 다만 삵의 골격 크기가 고양이와 상당히 비슷했는데, 이는 삵이 인간과 공생하는 과정에서 점차 고양이와 비슷한 진화를 겪었다는 점을 보여 준다. 말하자면 이들은 일종의 삵-고양이, 즉 살쾡이*가 되어 있었던 것이다.

동아시아에 고양이가 들어오기 전까지 살쾡이가 있었다는 사실은 한자의 역사를 통해서도 확인할 수 있다. 한자로 고양이를 가리키는 '묘猫'와 삵을 가리키는 '리狸'가 고대에

---

* 오늘날 '살쾡이'는 단순히 삵을 가리키는 또 다른 이름이지만, 이 책에서는 인간과 공생하는 개체를 특정해서 '살쾡이'로 부르도록 하겠다.

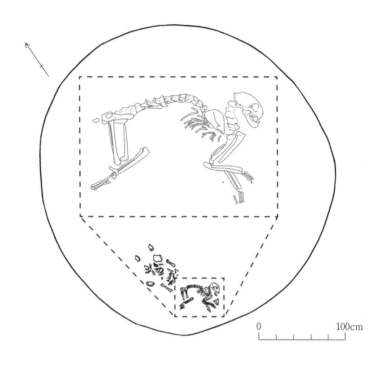

0   100cm

중국 산시성 우장궈량 유적
곡식 구덩이(전체)와 고양잇과 동물 유골(확대)

는 서로 구분된 글자가 아니었기 때문이다. 2세기의 한자사전인 《설문해자》는 "묘는 리의 일종[貍屬]"이라 적었고 3세기의 한자사전인 《광아》도 "리는 묘이다[貍貓也]"라고 직설적으로 풀이하고 있다. 이는 곧 묘猫라는 글자 자체가 원래는 삵을 가리키는 것이었고, 중국에 고양이가 널리 전파된 뒤에 비로소 삵과 분리되어 고양이를 가리키는 의미가 되었음을 보여 준다. 그럼에도 고양이와 삵을 하나의 범주로 보는 시선은 오랫동안 지속되어, 고양이는 비교적 최근까지도 가리家貍라는 또 하나의 이름을 가지고 있었다.

결론적으로 야생 고양이가 살지 않았던 중국에서는 살쾡이가 인간의 마을에 드나들면서 창고의 쥐를 잡아 줬다. 농부들에게 도움을 주는 살쾡이는 사회적으로 중요한 존재로 대우받았고, 마침내 《예기》에서는 일종의 신수神獸로까지 격상되어 황제들의 제사를 받는 동물이 되기도 했다. 《장자》의 한 구절에서는 쥐를 잡는 데 도움을 주는 살쾡이의 모습을 보다 직접적으로 엿볼 수 있다.

고대의 군자들은 일을 시키면 반드시 보답하였으니, 살쾡이

[猫]를 맞이하는 것은 그것이 밭의 쥐들을 잡아먹기 때문이고, 범[虎]을 맞이하는 것은 그것이 밭의 멧돼지를 잡아먹기 때문이다. 맞이하여 그들을 제사 지낸다.

_《예기》〈교특생〉

명마 화류驊騮는 하루에 천 리를 달리지만 쥐를 잡는 데는 살쾡이[狸]와 족제비[狌]만 못하니, 이것은 재주가 다른 것이다. 부엉이는 밤에는 벼룩을 집고 털끝도 볼 수 있지만 낮에는 눈을 뜨고도 언덕과 산을 보지 못하니, 이것은 성질이 다른 것이다.

_장자,《장자》〈추수〉

삶   과
고 양 이 의
엇갈린 운명

왜 서아시아의 고양이는 일찍부터 중국으로 건너오지 못한 것일까? 그 원인은 고양이와 인간의 관계가 철저히 농업에 기반했다는 데 있었다. 서아시아의 물질문화는 생각보다 이른 시기부터 중국으로 들어와 문명을 발달시키는 촉매가 되고 있었지만, 전달은 어디까지나 둘 사이에 존재하는 유목민을 통해 간접적으로 이루어졌다. 그러다 보니 유목민들의 귀중한 자산인 황소와 양이 기원전 2500년경, 말과 전차가 기원전 1700년경에 이미 중국에 도착한 것과 달리 유목민의 생활 속에 녹아들지 못한 고양이는 중국으로 가는 그들의 어깨에 올라타지 못한 것이다.

결국 고양이가 중국에 도착하기 위해서는 농경 문명과 농경 문명의 직접적인 만남이 필요하다는 뜻이었다. 그 만남은 기원전 139년, 중국 한나라의 무제가 서방으로 장건張騫을 파견하면서 성사된다. 당시 한나라는 몽골 초원에 막강한 제국을 세운 흉노와 싸우기 위해 동맹을 모으는 중이었고, 장건은 이 과정에서 막연히 서쪽에 있다고만 전해지는 월지月氏로 보내진 사절이었다. 그러나 장건은 국경을 넘는 과정에서 곧바로 흉노에 사로잡히고 만다. 10년을 억류된 채 살다가 탈주에 성공한 그는 월지가 있는 곳을 수소문하며 목적지에 도착했지만, 이미 월지는 흉노와 멀리 떨어진 중앙아시아로 이주해 편안하게 살고 있었기에 동맹을 맺자는 한나라의 제안을 거절했다. 고생 끝에 장건이 한나라로 돌아왔을 때는 중국을 떠난 지 장장 13년이 지난 시점이었다.

장건의 원정은 월지와 동맹을 맺는다는 당초의 목적은 이루지 못했으나 서쪽에 있는 새로운 지방의 정보를 중국으로 가져다줬다. 특히 명마의 산지인 중앙아시아는 흉노와 전쟁을 벌이면서 우수한 군마의 필요성을 느끼던 한 무제에게 너무나도 매력적인 곳이었다. 한 무제는 이곳으로 사람을 보내 우수한 품종의 말을 수입하는 한편, 흉노의 세력을 몰아내고 교통로의 안전을 확보하는 데 힘을 쏟았다. 그렇게 서아시아와 동아시아의 농경 문명이 직접 만나 교류하는 실크로드Silk Road가 가동되었다.

중국에는 서아시아의 이색적인 문물이 대규모로 유입되기 시작했다. 중국의 문헌에 따르면 포도와 석류 같은 새로운 과일들이 바로 장건에 의해 처음으로 중국에 소개되었다고 한다. 이집트의 유리, 인도의 후추처럼 다양한 종류의 사치품이 중국으로 건너와 장안의 부호들이 지갑을 열게 만들었고, 인도에서 시작된 석가모니의 가르침도 나란히 들어왔다. 반대로 중앙아시아에서는 소그드 상인들이 중국에서 넘어오는 비단을 열심히 쓸어 담았다. 비단은 로마에서 황금과 같은 무게로 팔려 나갔기 때문이다. 이것이 '실크로드'라는 이름의 유래였다.

혹시 고양이도 실크로드를 타고 중국에 도착하지 않았을까? 실제로 이 추정을 뒷받침하는 증거가 베이징 시내에서 나타났다. 자금성에서 남서쪽으로 15킬로미터 거리에 있는

중국 돈황 막고굴 제323굴의 7세기 벽화

장건 일행(왼쪽)을 전송하는 한 무제(가운데)를 묘사했다.

실크로드와 장건의 여행로

다바오타이大葆台에서 한 무제의 손자인 유건劉建의 무덤이 발견되었는데, 이 무덤의 입구에서 황소와 염소 같은 가축들과 함께 고양이 한 마리의 유체가 나온 것이다.《한서》에 따르면 무덤이 만들어진 시점은 장건의 원정으로부터 80년 뒤에 해당하고, 지금까지 중국에서는 이보다 오래된 고양이가 나온 적이 없다. 어쩌면 장건이 직접 데리고 온 고양이가 궁중에서 길러지다 그 후손 중 하나가 유건과 같이 묻힌 것은 아닐까? 이와 관련해《성호사설》의 한 구절이 눈길을 끈다.

> 가리家狸는 고양이다. 이야기꾼이 말하길, "장건이 데리고 온 것이니, 서역의 차가운 기운을 받았으므로 코끝이 늘 차갑다가 오직 하짓날에만 잠깐 따뜻해진다"라고 하였다.
> _ 이익,《성호사설》〈만물문〉

이로써 중국 최초의 고양이가 역사 속에 모습을 드러냈지만, 그렇다고 살쾡이의 시대가 곧바로 저문 것은 아니었다. 광대한 중국에서 고양이는 여전히 희귀한 동물이었고 왕가

나 소수의 귀족들을 중심으로 퍼져 나갔을 것이다. 유비, 조조, 손권이 패권을 다투던 3세기에도 사람들이 고양이와 살쾡이를 구분하지 않고 있었다는 사실은 사회의 근간을 이루는 다수의 농민들이 여전히 살쾡이를 주로 접하고 있었음을 말해 준다. 그로부터 400년 동안 온갖 왕조가 흥망성쇠를 거듭한 끝에 당나라가 들어설 즈음이 되어서야 비로소 고양이는 살쾡이를 밀어내고 중국 전역에서 일반적인 동물로 자리 잡게 된다.

고양이와 살쾡이 사이에서 벌어진 '진화의 게임'에서 고양이가 최종적으로 승리한 이유는 무엇일까? 세부적인 원인은 다양한데, 거시적으로 봤을 때 가장 먼저 '시간'의 문제를 꼽을 수 있다. 살쾡이와 인간의 공존은 기원전 3500년경으로 거슬러 올라가지만 서아시아의 고양이들은 그보다 두 배 이상 앞선 기원전 7500년경에 이미 인간과의 공생을 시작하고 있었다. 더 오랜 시간 인간과 접촉한 고양이는 인간에게 친화적인 방향으로 진화할 시간이 더 많았다. 공간적인 측면에서도 유리했다. 고양이는 나일강 유역의 좁고 닫힌 환경에서 인간과 밀도 높게 부딪치며 살아남았으나 살쾡이는 우거진 숲속의 자원 덕분에 인간의 마을 밖에서도 좀 더 수월하게 살아갈 수 있었다. 이집트의 고양이에게 인간과의 공생은 선택의 여지가 없었던 반면, 중국의 살쾡이에게는 하나의 선택지에 지나지 않았던 것이다. 그러므로 인간에게 친근한 유전자만이 살아남는 진화의 압력은 고양이에게 더욱 강하게 가해졌다.

마지막 관건은 바로 번식이다. 일반적으로 삵은 한번에 네 마리까지 새끼를 낳고, 고양이는 여섯 마리까지 낳는다. 이것은 단순히 자손의 숫자를 얼마나 많이 남길 수 있는지가 아니라, 자손을 얼마나 더 다양하게 남길 수 있는지와 관련되어 있는 문제다. 한번에 태어나는 각각의 개체가 모두 고유한 유전자 조합을 가진다고 가정한다면, 삵은 10번의 번식에서 최대 40개의 조합이 발생하지만 고양이는 같은 조건에서 최대 60개의 조합이 발생하게 되는 식이다. 이 차이는 시간이 흐를수록 기하급수적으로 벌어진다. 처음부터 고양이는 삵보다 더 다양한 유전자 조합을 선보일 수 있었던 것이다.

진화의 무대 위에서 더 다양한 유전자를, 더 오랜 시간 동안, 더 높은 강도로 다듬어 온 고양이가 본래의 터줏대감이던 살쾡이를 밀어내고 인간의 곁으로 들어온 것은 당연하다면 당연한 일이었다. 밀려난 살쾡이들은 야생에 머무르고 있던 삶에게 다시 흡수되어 역사의 뒤안길로 사라져 갔다. 하지만 그 대가로 삶은 인간에게 얽매이지 않는 자유를 얻었고, 고양이는 인간의 역사 속에서 번성하는 대신 끝없는 그들의 욕망에 휘둘리는 운명을 맞이했다.

오늘날 고양이가 가지고 있는 털빛과 무늬는 그야말로 각양각
색이다. 그렇다면 최초의 고양이는 어떤 털빛과 무늬를 가지고
있었을까?

고양잇과 전체를 놓고 보면, 고양이와 가까운 친척인 삵속
동물들이 검은발고양이처럼 점박이 무늬를 가지고 있다. 또는
모래고양이와 같이 점박이 무늬가 보이지 않고, 꼬리와 얼굴
일부에만 줄무늬가 나타난다. 따라서 히말라야를 넘은 최초의
고양이들에는 점박이 무늬를 가진 개체와 줄무늬가 있는 개체
가 모두 있었으리라 추론할 수 있다.

그러다 바다와 사막을 오가는 지중해로 인해, 나중에는 거대

고등어 태비

좁고 진한 평행 줄무늬가
고양이의 등에서부터 뻗어 나와
양옆으로 갈라지는 모양이
고등어 가시와 닮았다. 고등어
태비들은 대부분 이마 위에
알파벳 M자와 비슷한
무늬가 있다.

한 사하라 사막으로 인해 고양이는 서서히 바뀐 환경에 걸맞은 방향으로 진화하게 되었다. 검은색과 노란색이 강하게 대비되는 점박이 무늬는 사막에서의 생존에 불리한 요소였기 때문에 점차 도태되었고, 고양이의 직계 조상들은 줄무늬를 가지는 쪽으로 진화했다. 구불거리는 줄무늬는 전반적으로 색이 한층 밝아지고 모래가 바람에 날리는 모습과 비슷하게 바뀌면서 뛰어난 위장으로 기능하게 되었다.

앞서 살펴본 이집트 고분벽화 속 고양이가 가진 밝은 노란색 바탕에 검은 줄무늬가 바로 이러한 진화의 결과였다. 지금의 고등어 태비blue mackerel tabby의 검은 줄무늬와 치즈 태비yellow mackerel tabby의 노란색 털빛은 최초의 고양이에게서 직접 물려받은 고대의 산물이다.

이후 고양이의 털빛은 인간의 개입으로 훨씬 다양해졌다. 자연에서는 곧잘 도태되는 흰색 고양이가 금세 고양이 사회의 일원으로 자리 잡은 것은 '흰색'에 대한 사람들의 선호 때문이 아니라면 설명하기 어려운 현상이다. 즉, 흰색 고양이는 인간이라는 기회를 잡은 셈이다. 한편 목과 배를 제외하고 온몸이 검은 턱시도tuxedo와 흰색 바탕에 검은색 반점이 나타나는 젖소

cow 무늬 고양이는 비교적 늦은 시기에 등장한 것으로 보이지만, 그럼에도 빠른 속도로 유라시아를 가로질러 한반도에 이르렀다.

목과 배에 흰색 반점을 만드는 S 유전자spotting gene는 무늬의 유무를 정하는 A 유전자agouti gene보다 상위에 있기 때문에, S 유전자가 억제되어 온몸이 단색(흰색 제외)이거나 배에도 무늬가 있는 고양이는 중세가 되어서야 등장한다. 13세기 중반에 편찬된 《동물지》에서 온몸이 검은색인 고양이 그림을 찾을 수 있다. 우리가 흔히 '네로'라고 부르는 고양이가 바로 이들을 가리킨다. 그러나 이 고양이들은 너무 늦은 시기에 나타났기 때문에 동아시아에는 근대 이전까지 자리를 잡지 못했다.

고양이,
    한국에
상륙하다

고양이의 눈동자는 아침저녁으로 둥글고,
한낮에는 실처럼 가늘어진다. 그 코끝은 항상 차갑고
오로지 하짓날 단 하루만 따뜻하다. 그 털에는 이나
벼룩이 끼지 못하며, 검은 녀석은 어둠 속에서 오히려
돌아다닌다. 그 털은 곧 화성火星과 같다. 소문에는
고양이가 얼굴을 씻는 것이 귀를 넘으면 곧 손님이 온다고
한다.

초주 사양에서 나는 고양이는 갈색 꽃무늬가 있고,

영무에는 붉은색과 푸른색인 것이 있다. 고양이는 일명

몽귀蒙貴나 오원烏圓이라고도 한다. 평릉성은 고대의

담譚나라로, 성안에 고양이 한 마리가 언제나 금 사슬을

두르고 있는데 동전이 날아다니는 것이 꼭 나비 같았다.

선비들이 왕왕 그것을 봤다.

_ 단성식,《유양잡조》〈기타 동물〉

한 반 도 의
살 쾡 이 들

중국에서 시작된 잡곡 농업은 기원전 4000년경에 한반도로
전파되었지만, 이때까지는 농사가 보조적인 생계 수단에 지
나지 않았다. 한반도에 살았던 사람들은 여전히 땅을 일구
기보다 강이나 바다에서 풍요로운 자연의 선물을 거두는 것
을 선호했고, 고래·물고기·조개 등의 해산물과 사슴·멧돼지
같은 육상동물을 주식으로 삼았다. 이 시대 사람들이 먹고
버린 쓰레기가 모여서 만들어진 패총貝塚에서는 가끔씩 삵
의 뼈가 함께 나오지만, 뼈에 남은 흔적은 구석기시대 사람
들이 삵의 가죽을 이용했던 자취와 차이가 없었다. 삵처럼
작은 동물은 사냥에 들어가는 노력에 비해 얻을 수 있는 고

기가 적어서 식량보다는 사치품으로 여겨진 것으로 보인다. 따라서 삵과 인간 사이에 특수한 관계가 성립되는 건 아직까지 먼 나라 일이었다.

다시 긴 시간이 흘러 기원전 1300년경에 청동기시대가 시작되자 드디어 농업은 한반도에서도 가장 기본적인 산업으로 자리 잡게 되었다. 특히 800년경부터 벼농사를 기반으로 한 송국리문화松菊里文化가 한반도 남부 전역으로 확산되면서 인간과 삵의 관계는 사냥꾼과 사냥감을 벗어나 공생 관계로 바뀌어 갔다.

한국에서 일본으로 건너가는 길목에 있는 이키섬壱岐島에 주목해 보자. 이 섬에는 야생 삵이 서식하지 않는데도, 선사시대 유적에서 몇 마리의 살쾡이 뼈가 발견되었다.* 이는 당시 일본으로 건너간 한반도의 농경민들이 인위적으로 살쾡이를 데리고 이주한 것을 보여 주는 증거물로 밝혀졌다. 또한 이 가운데 두 마리가 어린 개체로 판명되었다는 점은

---

* 일본에서는 이것을 집고양이로 보고 일본 최초의 고양이라 하고 있지만, 머리뼈 외의 유골로는 고양이와 삵을 구분할 수 없다. 따라서 일부만 남은 뼈대로 이것을 살쾡이가 아닌 고양이라 하기는 어렵다.

웅기 굴포리 패총

청진 농포리 패총

용강 궁산리 패총

상원 용곡리 동굴 유적

영월 연당리 쌍굴 유적

단양 상시리 바위그늘 유적

태안 고남리 패총

현풍

경주

김해 수가리 패총

삶의 뼈가 발견된 신석기시대 유적들과 그 위치

녀석들이 사람에 의해 사육되었을 가능성에 한층 더 힘을 실어 준다.

국립중앙박물관에는 이러한 고대의 시대상을 보여 주는 유물이 하나 전시되어 있다. 대구 현풍에서 나왔다고 전해지는 〈집모양 토기〉 한 점이 그것으로, 언뜻 보기에는 단순한 초가집 같지만 자세히 보면 지붕 위에서 밑을 바라보고 있는 고양잇과 동물 한 마리를 찾을 수 있다. 대들보 밑에 쥐 두 마리가 사다리를 오르내리고 있는 모습도 보인다. 여기서 보이는 고양잇과 동물은 대체로 고양이를 본뜬 것으로 여겨져 왔으나, 중국에 고양이가 널리 정착한 때가 6세기 즈음이라는 점을 고려하면 5세기에 만들어진 이 토기에 벌써부터 고양이가 나타났다고 보기는 어렵다. 즉, 고양이보다는 살쾡이가 쥐를 사냥하는 장면으로 보는 것이 합리적인 판단이다.

경주에서도 의미 있는 발견이 있었다. 2000년 국립경주박물관이 지금의 위치로 이전하던 중 고고관(지금의 신라역사관) 부지에서 고대의 우물을 발굴했는데, 그 안에서 통일신라시대의 각종 토기와 다양한 동물들의 뼈가 쏟아지듯 나온 것이다. 무엇보다도 학자들을 놀라게 한 것은 우물에서 함께 나온 열 살 미만 어린아이의 온전한 유골이었다. 고고학자들은 나란히 있던 기와 조각에 찍힌 '남궁지인南宮之印'이라는 글자를 토대로, 이 우물이 본래 왕실에서 관리하던 것이며 9세기 무렵 우물을 버리면서 그 안에 산다고 믿은 용왕에게 제사를 지낸 다음 어린아이를 비롯한 각종 제물을 바친 것으로 이해하고 있다.

주목할 만한 점은 우물에서 나온 동물 가운데 고양잇과 동물 여섯 마리가 있었다는 사실이다. 양호하게 보존된 두개골 3개를 감식해 보니 이 동물들의 정체는 고양이가 아니라 살쾡이로 드러났다. 이들은 전신이 거의 완전한 모습으로 출토되었는데, 여섯 마리 가운데 두 마리는 영구치가 완성된 성체였고 세 마리는 젖니가 영구치로 바뀌고 있는 유체, 나머지 한 마리는 젖니가 나오지 않은 신생아 또는 태아였다. 이러한 나이 구성은 살쾡이들이 부부와 네 마리의 새끼로 이루어진 한 가족임을 짐작하게 한다. 가족 전체가 한자리에 있다는 점에 비춰 봤을 때 이들이 사냥당해 우물에 바쳐졌다고 생각하는 것은 상당히 부자연스럽다. 아마 이

〈집모양 토기〉

굴뚝이 있는 것으로 봐서 살림집으로 추정된다.

흰 선으로 표시한 것이 고양잇과 동물과 쥐 두 마리다.

5세기, 경질 토기, 높이 12.5cm, 국립중앙박물관 소장들은 인간의 주위에서 가족을 이루고 새끼까지 기르는 등 지금의 고양이와 다름없이 살다가 뜻밖의 희생을 당한 것으로 보인다.

혹시 문자로 적힌 기록에서 이 같은 짐작을 확인할 수 있을까? 아쉽게도 고대 한반도의 사람들이 살쾡이와 어떤 관계를 맺고 있었는지 직접적으로 증언하는 사료는 보이지 않는다. 다만 중국의 《후한서》에는 부여의 특산물로 '놜貀'이라는 동물의 가죽이 나오고, 이 동물은 표범과 비슷하지만 앞발이 없는 짐승이라는 주석이 추가되어 있다. 주지하듯 삵은 가죽의 점박이 무늬가 표범과 비슷하기 때문에 '놜'은 바로 삵을 가리킨다는 것이 일반적인 해석이다. 앞발이 없다는 주석은 삵이 앞발을 감추고 앉은 자세에서 비롯된 오해가 아니었을까? 그렇다면 이것은 '식빵 자세'라고 부르는 모습에 대한 가장 오래된 언급일 것이다.

(부여는) 동이東夷 지역 중에서 가장 평탄하고 넓은 곳으로 토질은 오곡이 자라기에 알맞다. 명마名馬와 적옥赤玉과 담비[貂], 삵[貀]이 생산되며, 큰 구슬의 크기는 마치 대추[酸棗]

와 같다.

_《후한서》〈동이전〉

    또 하나 눈길을 끄는 기록은《산해경》과《박물지》에 실린 군자국君子國 이야기다. 중국의 동방에 있다고 하는 군자국은 지금의 한반도에 해당하는 곳으로, 이곳에 사는 사람들은 모두 범 두 마리를 거느리고 다녔다고 한다. 물론 이 이야기 자체는 어디까지나 풍문을 듣고 지어 낸 전설에 지나지 않지만, 적어도 그 풍문을 일으킨 원인이 된 어떠한 진실이 있지 않았을까? 어쩌면 '한반도의 사람들은 살쾡이를 데리고 다닌다'는 소문이 점점 더 과장되어 군자국 사람의 전설이 되지 않았을까 조심스럽게 상상해 본다.

    군자국은 그 북쪽에 있다. 의관을 갖추고 검을 차며, 짐승을 먹고 커다란 범 두 마리를 부려서 곁에 둔다. 그 사람들은 양보를 좋아하니 싸우지 않는다. 훈화초薰華草(무궁화)가 있으니 아침에는 살아나고 저녁에는 죽는다.

_《산해경》〈해외동경〉

장보고 선단이
데   려   온
고   양   이

한반도에서 살쾡이의 시대는 중국과 마찬가지로 고양이가 들어오면서 자연스레 막을 내리게 된다. 그럼 고양이는 언제, 어떻게 들어왔을까? 오늘날 한국에는 고양이의 유래에 관한 자료가 거의 없기 때문에 이 문제는 동아시아 전체의 맥락 속에서 살펴봐야 한다.

중국에는 기원전부터 고양이가 들어왔고, 6세기에 고양이 사육이 본격적으로 퍼져 나갔다. 하지만 그로부터 다시 200년이 지난 뒤에도 바다 건너 신라에서는 여전히 고양이 대신 살쾡이가 길러지고 있었다. 그사이 중국의 군대가 바다를 건너와서 백제와 고구려를 무너뜨리고 한반도에 주둔하기도 했으나(660~676), 기본적으로 중국과의 교류는 각 나라의 정부에 의해 엄격히 통제되었기 때문이다.

그런데 889년, 일본에서 고양이를 길렀다는 것을 분명히 보여 주는 최초의 기록이 나타난다. 일본의 왕 우다 덴노宇多天皇가 쓴 일기에 "털의 색깔이 먹처럼 검은" 고양이가 등장한 것이다. 이전까지 고양이가 나오는 기록은 대개 고양이보다 살쾡이를 가리키는 것으로 볼 수 있었지만, 이 기록에 나타난 고양이는 "구름 위의 흑룡과 같다"는 묘사가 있어 틱시도 고양이라는 사실을 알 수 있다. 그리고 이와 함께 언급된 "다른 고양이들은 모두 흐릿한 검은색"이라는 말은 그보다도 앞서 고등어 태비 고양이가 상당수 일본에 들어와 있었음을 말해 준다.

다자이후大宰府에서 쇼니로 근무한 미나모토노 구와시가 임기를 마치고 조정에 와서 검은 고양이[驪猫] 한 마리를 선제先帝께 바치니, 그 털빛이 남다름을 애호하였다. 나머지 고양이들은 모두 흐릿한 검은색인데, 이 녀석은 홀로 먹처럼 검어서 그 모습이 한로韓盧(검은 사냥개)와 같다.

길이는 1척 5촌이고 높이는 6촌 남짓인데, 웅크리면 기장 난 알처럼 작지만 뻗으면 활처럼 늘어난다. 눈동자는 바늘 끝처럼 반짝거리고, 귀 끝은 숟가락이 흔들리지 않는 것처럼 곧게 세운다. 엎드려 잘 때는 둥글게 모아서 발과 꼬리를 보이지 않으니, 완연히 동굴 속 검은 옥이다. 걸어 다닐 때는 적막하여 소리를 들을 수 없으니, 흡사 구름 위의 흑룡과 같다.

성품은 도행道行을 좋아하여 오금희(화타가 만든 체조)에 부합한다. 항상 머리를 낮추고 꼬리를 땅에 붙이고 있다가 굽혀 뛰어오르는 높이가 2척 남짓이다. 털빛이 윤택한 것은 이 때문일까? 밤에 쥐를 잡는 능력도 다른 고양이보다 낫다.

이에 말한다. 너는 음양의 기운을 머금고 사지와 수족을 갖췄으니, 마음으로 분명 나를 잘 알겠지? 고양이는 이에 탄식하며 머리를 치켜들고 내 얼굴을 우러러보니, 마치 가슴에 가득 차 목구멍에 북받친 마음을 입으로 말할 수 없는 듯했다.

_ 우다 덴노,《관평어기》《삼성어기일문집성》수록)

　한국은 대개 일본보다 먼저 중국의 문물을 받아들였으니, 늦어도 이 시점에는 신라에서도 고양이가 살았을 것이다. 중국에 있던 고양이는 9세기 즈음 바다를 건너 한국과 일본으로 퍼져 나간 셈이다. 도대체 중간에 무슨 일이 있었던 것일까? 해답의 열쇠는 생각보다 가까운 곳, 한국인이라면 누구나 들어 봤을 법한 전설적인 인물에게 있다. 흔히 해상왕海上王으로 일컬어지는 장보고張保皐가 바로 그 주인공이다.

사실 장보고가 등장하기 전부터 동아시아 3국 사이에는 민간 차원의 교류가 점차 활발해지고 있었다. 이전까지의 국제 교류가 국가 대 국가로서 사신을 보내 선물을 주고받는 정도에 머물러 있었기 때문이다. 여기에 만족하지 못한 귀족들은 국가의 감시를 벗어나 상업적인 교역에 뛰어들어 때로는 역사에 기록되지 않을 은밀한 거래를 시도하면서까지 자신의 사업을 키워 나갔다. 752년에 일본으로 건너가 신라의 왕자를 사칭하고 대량의 물자를 거래한 '김태렴 사기 사건'은 그 정점이라고 해도 과언이 아니었다. 뒤이어 기근과 내란으로 신라에서 대규모 난민이 발생하자 국가의 통제를 벗어난 접촉은 귀족을 넘어 일반 백성에게로 번져 갔다.

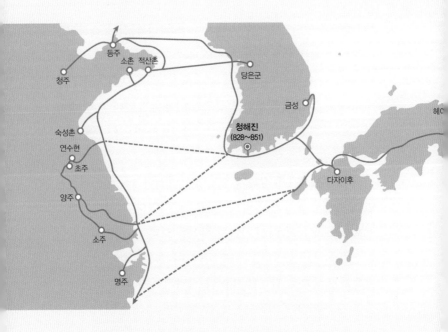

9세기 재당 신라인의 주요 거주지와 해상 항로

장보고는 이러한 시대적 조류의 중심에 선 인물이었다. 그는 신라에서 태어났지만 일찍이 중국으로 건너가 장교로 복무하다가, 어느 순간 국제 교역의 유망한 가능성을 깨닫고 직업을 상인으로 바꿨다. 이후 신라로 돌아와 해적 소탕을 명분으로 흥덕왕을 설득해 828년 지금의 완도에 청해진淸海鎭을 세웠고, 자신은 그곳의 대사大使가 되어 군사 1만 명을 거느릴 수 있는 강력한 권한을 부여받았다. 이에 힘입어 장보고는 동북아시아의 바닷길을 휘어잡는 해상왕으로 빠르게 떠올랐다.

청해진은 단순히 군사 조직에 머무르지 않고 적극적으로 교역을 추진하는 일종의 종합상사이기도 했다. 해적을 없애 바다의 안전을 확보하고, 안전해진 바다에 상선을 띄우고, 다시 그 상선으로 상품을 거래하는 모든 과정을 장보고가 주도하고 있었던 것이다. 물론 장보고 이전에도 이런 식으로 일하는 상인들은 여럿 있었지만, 장보고는 그들을 공격적으로 영입하면서 독점적인 '해상 상업 제국maritime commercial empire'을 만들었다. 제국은 841년에 장보고가 암살당하고, 10년 뒤 청해진이 해체되면서 사라졌지만 그가 남긴 유산은 각 지역마다 자생하는 군소 호족들에게 계승되었다.

이제 고양이가 어떻게 신라로 들어왔는지 설명 가능할 것 같다. 9세기 전반, 장보고 선단이 이끄는 중국·신라·일본의 교류는 이전까지와 달리 전방위적이고 무제한적이었다. 이 과정에서 중국에 살던 고양이 일부가 빈번하게 해상을 넘나드는 상선을 잡아타고 신라와 일본으로 자연스럽게 넘어왔을 것이다. 특히 다자이후는 장보고 선단이 일본과 교역하는 창구였으니, 우다 덴노의 일기에 언급된 고양이가 이 다자이후에서 왔다는 말은 단순한 우연으로 치부할 일이 아니다. 또한 신라와 일본의 귀족들은 중국에서 들어온 물건이라고 하면 가산을 탕진할 정도로 수요가 컸기 때문에 중국에서 온 고양이도 덩달아 큰 사랑을 받았으리라 짐작할 수 있다.

발해의 경우에는 어땠을까? 아쉽지만 발해의 문화에 대한 사료가 거의 없기 때문에 고양이에 관한 기록도 존재하지 않는다. 다만 발해와 인접하고 있었던 불열말갈拂涅靺鞨의 사신이 719년 중국에 "흰 토끼와 고양이 가죽"을 조공했다는《책부원구》의 기록이 흥미롭다. 이 기록에 따르면 고양이가 신라보다 먼저 발해에 들어갔다고 볼 여지도 존재하지만, 외래종인 고양이의 가죽이 무슨 이유로 말갈의 고유한 토산물이라고 나오는지 의심스러운 부분이기도 하다. 앞서 부여의 산물로 삵이 있었던 것에 비춰 보면 역시 이것은 고양이가 아니라 야묘野貓, 즉 삵을 가리킬 가능성이 크다.

아기 고양이를
얻   은
이   규   보

장보고가 사망하고 50년이 지날 무렵 신라 조정은 한반도 전역에 대한 지배력을 상실했고, 후삼국시대의 분열기를 거쳐 고려라는 새로운 국가가 세워졌다. 물론 그 사이에도 중국과의 교류는 지속되었기에 더 많은 고양이들이 한반도로 건너왔을 테지만, 구체적인 사료가 존재하지 않아 더 이상의 자세한 추적은 힘들다. 1103년에 송나라의 사신으로 고려에 방문한 바 있는 손목孫穆이 지은 《계림유사》에 고려의 말로 "고양이를 귀니鬼尼라 한다"는 대목이 남아 있어 고려 초에 고양이가 있었음을 알 수 있는 정도다.

고양이에 대한 한국 최초의 기록은 김부식金富軾이 남긴

"아계부"라는 시다. 아침이 되어도 울지 않는 닭을 꾸짖는 이 시에는 삵과 고양이가 서로 다른 짐승으로 나뉘어 등장하고 있으며, 고양이는 개와 대구를 이루어 대등한 짐승으로 나열되어 있다. 곧 고양이가 살쾡이를 밀어내고 그 자리를 대신하고 있는 것이다. 손목과 김부식의 글 가운데 무엇이 더 먼저인지 정확하게 알 수는 없지만, 분명한 사실은 두 사람의 기록이 한반도에 살던 고양이에 대한 가장 이른 시기의 언급이라는 점이다.

아이놈 불러 일으켜 세워
닭이 죽었나 물었다
제사상에는 안 올렸으니
삵에게 물려 간 줄 알았건마는
어찌 머리를 숙이고 눈감고
입 다물어 아무 말이 없는가
… 개가 도둑을 알고 안 짖는 셈이고
고양이가 쥐를 보고도 안 쫓는 꼴이라
구실 못함은 매한가지니

잡아 마땅할 것이지마는

다만 성인께서 가르치신 바에

안 죽임을 어질다 하시었으니

너는 마음으로 고마움 알고

모쪼록 회개하여 새로워져라

_ 김부식,《동문선》"아계부啞鷄賦"

《보한집》에도 흥미로운 기록이 있다. 천태종을 창시한 대
각국사 의천義天의 제자이자 당대의 손꼽히는 시인 묵객으
로, 김부식의 오랜 벗이었던 승려 혜소惠素의 "아기 고양이"
라는 시와 관련된 대목이다. 안타깝게도 "아기 고양이"는 실
전되었지만, 대신 김부식이 지은 답시가 전하고 있다. 그 시
의 내용으로 미루어 혜소의 시는 아기 고양이의 순수한 모
습에서 부처의 성품을 발견하는 주제였을 듯하다. 한편 자
연에서는 쉽게 찾기 어려운 아기 고양이를 소재로 삼았다는
점은, 어쩌면 혜소가 고양이를 키우는 '집사'가 아니었을까
추측해 보게 만든다.

개미에게 도道가 있고 범에게도 인仁이 있어

망혼을 보내지 않아도 진眞을 얻을 수 있다네

우리 스님 밝은 눈에 분별심이 없어서

사물들이 모두 청정신淸淨身을 드러내네

_ 김부식, 《보한집》 "문열공이 혜소선사의 '아기 고양이'에 화답하다[文

烈公和慧素師猫兒云]"

　그러나 김부식의 시는 직접 고양이를 길렀다는 사실이 아
니라, 누군가 고양이를 기른 것으로 짐작게 하는 방증만을
전한다는 점에서 한계가 있다. 고양이에 대한 한국 최초의
'증인'은 될 수 있지만, 그 자신이 '집사'는 아니었던 것이다.
따라서 역사에 분명히 이름을 남긴 한국 최초의 집사는 그
보다 한 세기 뒤의 인물인 이규보李奎報가 된다. 그가 남긴
글을 모은 《동국이상국집》에는 "검은 아기 고양이를 얻다"
라는 시가 실려 있는데, 자신이 기르는 고양이의 모습을 생
동감 있게 묘사한 것이 일품이다.

　가닥가닥 털이 파랗고

동글동글 눈은 푸르고

모습은 범 새끼 같으며

울음은 사슴을 겁준다

붉은 끈으로 매어 두고

누런 참새로 먹이 주니

발톱 세워 들쑤시다가

꼬리 치며 점차 따르네

_ 이규보, 《동국이상국집》 "검은 아기 고양이를 얻다[得黑猫兒]"

고양이는 쥐만
잘 잡으면
그 만 ?

고양이는 이렇게 한반도에 자리를 잡았지만, 고려 사람들의 태도는 엄밀히 말해 고양이를 '기르는' 것이지 '사랑하는' 것이라고 하기는 어려웠다. 그들은 어디까지나 쥐를 잡아서 곡식을 지킨다는 기능적인 차원에서 고양이를 대했지, 지금처럼 고양이와 친밀한 교감을 나누지는 않았기 때문이다. 이 때문에 고양이는 언제나 쥐와 붙어서 언급되었고, 쥐를 잡지 못하는 고양이는 가차없이 매도의 대상이 되기도 했다. 앞서 고양이에 대해 남다른 감상을 적었던 이규보가 쓴 "고양이를 꾸짖다"라는 시에서 이러한 관점이 잘 드러난다.

내가 감춘 고기를 훔쳐 배를 채우고

이불에 들어와서 좋다고 가릉거린다

쥐들이 날뛰는 것 누구의 책임이냐

밤낮을 막론하고 점차 마구 다니네

_ 이규보, 《동국이상국후집》 "고양이를 꾸짖다[責猫]"

그럼 고려 사람들은 어떤 짐승을 애완동물*로 봤을까? 가장 먼저 원시시대부터 인간과 함께해 온 개가 있다. 《보한집》에는 주인의 사랑을 받는 개가 길가에서 잠든 주인을 위해 온몸으로 들불을 껐다는 '오수의 개' 이야기가 수록되어 있고, 《고려사》에 따르면 개경의 어느 눈먼 아이가 부모를 잃고 개에게 의지해 살아가는 일이 회자되어 그 의견義犬이 역사에 기록되었다고 한다. 1183년에는 '나라에서 흰 개를 기르는 것을 금지하고 따르지 않으면 죽인다'는 뜬소문이 퍼져서 사람들이 기르던 흰 개를 검게 물들이는 소동도 있

---

* 동물을 사람에게 종속된 대상이 아닌 더불어 살아가는 존재로 보는 경우에만 '반려동물'이라는 용어를 사용했다.

었다. 이 기록들은 당시에 이미 개가 단순한 가축을 넘어 애정의 대상으로 여겨지고 있었음을 잘 보여 준다.

이에 버금가는 동물은 뜻밖에도 비둘기였다. 지금은 도심의 애물단지에 지나지 않는 비둘기지만 고려의 귀족들에게는 사랑받는 몸이었다. 심지어 무신정권의 수장이던 이의민의 아들 이지영이 최충수 집의 비둘기를 가로채자, 이 일로 격분한 최충헌·최충수 형제가 이의민을 살해하고 정권을 빼앗는 일까지 있었다. 일반 백성 사이에서도 이러한 일이 자주 일어났었는지 아예 국가적 차원에서 비둘기 기르는 것을 금지한 적이 있다. 이보다는 조금 후대의 일이지만, 고려 말의 공민왕은 궁중에서 수백 마리의 비둘기를 길러 달마다 모이로 주는 곡식이 12곡(약 537리터)에 이르렀다고 한다.

인간의 역사에서 가장 자주 등장하는 동물인 말은 기본적으로 탈것에 해당했지만 도구적 차원을 넘어서는 교감도 종종 이루어졌다. 충렬왕 때의 문신 민종유閔宗儒는 말을 무척 좋아해서, 누군가 좋은 말을 가지고 있으면 반드시 사들여서 마당에 매어 두고 아침저녁으로 늘 바라봤다고 한다. 비슷한 사례로 고려 말의 무장이자 훗날 조선을 개국하는 이성계李成桂는 자신이 타고 다니는 말 여덟 마리에게 각각 이름을 지어 주고, 그 가운데 유린청遊麟青이 죽자 따로 관을 만들어 묻어 줬다. 장수들이 전장에서 함께 사선을 넘나드는 말에게 남다른 신뢰와 애정을 느낀 것은 당연한 일이었을 것이다.

해동청海東青이라는 말로 널리 알려진 매는 고대부터 기르던 동물이었다. 그러다 13세기 후반 고려에 몽골의 간섭이 시작되자 해동청이 중요한 조공품으로 부각되었고, 매사냥이 유행하기 시작하면서 매를 잡아 길들이는 일을 전담하는 기관인 응방鷹坊까지 설치되었다. 하지만 매는 단순한 사냥용 동물이라기보다 애완동물에 가까웠다. 그 사실은 공민왕이 "내가 매를 기르는 것은 사냥하기 위해서가 아니라, 그 맹준猛俊함을 사랑할 따름이다"라고 한 데서 엿볼 수 있다.

고려 사람들은 이 밖에도 다양한 동물들을 심미적 관점에서 바라봤다. 고려 전기에 동지東池라는 연못에서 백학·거위·오리·산양을 관상용으로 기르다가, 이들을 먹이기 위해 들어가는 곡식의 비용이 크고 인위적으로 사육하는 것이 동물의 본성에 어긋난다는 간언에 따라 모두 방생하는 일

유린청

이성계의 명마 여덟 마리가 그려진 〈전윤두서필 팔준도〉 속 유린청.
전쟁 중 화살을 세 대나 맞고도 31년을 살았다고 한다.

1705년, 비단에 채색, 42.5×34.8cm 국립중앙박물관 소장도 있었다. 이것은 왕실 정원에 대한 기록이기에 일반적인 고려 사회의 모습으로 보기에는 어려움이 있지만, 처음부터 순수한 관상 목적으로 동물을 길렀다는 점은 주목해 볼 만하다.

그런데 이상하게도 유독 고양이에 대해서만큼은 애완동물로서의 인식이 보이지 않고, 오히려 그 반대의 관점이 주로 나타난다. 고려 후기에 내각을 같이 이끌며 충신으로 이름을 남긴 중찬(수석 재상) 허공許珙과 찬성사(차석 재상) 홍자번洪子藩의 일화 가운데 하나를 보자. 이 이야기는 사사건건 견해가 달라 부딪쳤던 두 사람의 모습과 함께, 당시 사람들이 고양이에 대해 가지고 있었던 생각의 단면을 고스란히 드러내고 있다.

일찍이 양제兩制에서 지은 상소문을 살펴보는데, 홍자번이 서툰 부분을 지적하는 것이 오랫동안 그치지 않았다. 허공이 문첩녹사*에게 말하길 "고양이는 쥐만 잘 잡으면 족하다"라고 하니, 대개 문장을 다듬는 것이 직무가 아님을 나무라는 것이었다. 홍자번의 낯빛이 변하며 그만두자 사람들이 두 사

람 사이가 좋지 못하다고 말하였다. 그러나 허공이 죽자 홍자
번이 탄식하며 말하기를 "성실하고 공정하여 아는 바를 말하
지 않음이 없었으니, 세상에 허 공公 같은 분이 어찌 다시 있
겠는가?"라고 하였다.

_《고려사》〈열전〉

　이즈음 태어나 충선왕·충목왕·공민왕을 잇달아 섬긴 이
제현李齊賢도 이와 마찬가지였다. 문인이었던 그는 자신이
살던 시대의 혼란스러운 정치 상황을 고양이·개·닭에 빗대
어 풍자하는 시를 지었다.

　귀가 있고 눈이 있으며
　발톱 있고 이빨 있으면
　쥐구멍이 바야흐로 들썩이는데
　어찌하여 침상에서 깨지 않는가
　_ 이제현,《익재난고》"묘잠猫箴"

*　　공문서에 잘못된 문구나 글자가 있는지 검토하고 교정하던 하급 실무관.

꼬리로 아양 떨고

혀로는 핥고 빤다

싸우거나 장난쳐서

울타리를 헐지 마라

_ 이제현, 《익재난고》 "구잠狗箴"

　그의 시에서 고양이는 쥐를 잡지 않고 침상에 누워 잠만
자는 동물로 묘사되어 있다. 국고를 좀먹는 부정부패와 마
비된 자정 기능을 쥐와 고양이에 빗대기 위해서였겠지만,
개가 주인에게 꼬리 치는 동물로 그려진 두 번째 시와 사뭇
대조적이다. 지금은 고양이가 사람에게 애교를 부리면서 귀
염 받는 모습을 먼저 떠올리기 마련이나 이제현이 보기에
그러한 모습은 고양이보다 오히려 개에게 더 적절한 특징이
었던 것이다. 고양이가 아직도 '쥐 잡는 짐승' 이상의 의미를
부여받지 못하고 있었음을 잘 보여 주는 대목이다.

1103년에 지어진《계림유사》에 따르면 고려 사람들은 고양이 [猫]를 "귀니鬼尼"라 불렀다고 한다. 그러나 이것은 중국 사람이 한자를 빌려서 소리를 적은 것이기 때문에 고려 사람들의 실제 발음이 무엇이었는지는 다시 한 번 검토해 봐야 한다.

힌트는 같은 기록에서 까마귀[鴉]를 "타마귀打馬鬼"라 부른 다고 한 데 있다. 훈민정음에 의하면 중세 한국어로 까마귀는 '가마괴'였으니,《계림유사》는 '괴' 발음을 "귀鬼"라고 적은 것이다. 이 점으로 미루어 11세기 고려 사람들이 고양이를 '괴니'로 불렀다는 사실을 알 수 있다.

그렇다면 '괴니'라는 말은 어디에서 나온 것일까? 아직까지

앞다리를 괸 채 졸고 있는 고양이

학계에서 통일된 주장은 없지만, '턱을 괴다'나 '팔을 괴다'에 쓰이는 '괴다'에서 나온 것이 아니었을까? 흔히 '식빵을 굽는다'고 표현되는, 다리를 괴고 웅크린 고양이를 본 고려 사람들이 '괸이'라고 부르다가, 결국 고양이를 부르는 말로 굳어지게 되었다고 보는 것이다.

주의해야 할 부분은 여기서 '괴'라는 글자의 소릿값 자체가 지금과는 달랐다는 사실이다. 19세기까지 한국어에는 이중모음이 사용되고 있었기 때문에 '괴'는 지금과 같은 단음절이 아니라 '고이'를 끊지 않고 빠르게 발음하는 것에 가까웠다. 따라서 '괴니'는 '고이니'에 가까운 소리였다.

이후 시간이 흐르면서 '괴니'는 한 번 더 압축되어 '고이'나 '괴'로 바뀐다. 14세기에 고양이 부곡[猫部曲]이 "고이부곡高伊部曲"이라고 기록된 사실이 이러한 소리의 변화를 보여 준다. 훈민정음이 창제된 뒤 편찬된《능엄경언해》(1461)에서는 고양이를 "괴"라고 표기했고, 1653년 하멜과 함께 조선에 머물렀던 마테우스 에보켄Mattheus Eibocken이 전하는 말에 따르면 조선 사람들은 고양이를 "Kooy"라 부르고 있었다고 한다. 1908년에 지석영이 지은 영어 교재《아학편》에서도 고양이는 여전히

"괴"라고 표기되어 있다.

'괴'는 언제 '고양이'가 되었을까? 1652~1659년 사이에 쓰여진 것으로 추정되는 효종의 편지에서 처음으로 "괴양이"라는 표기를 찾을 수 있다. 고양이를 가리키는 '괴'에 '양이'가 추가로 붙은 이유에 대해서는 여러 해석이 나올 수 있겠지만, 고양이가 내는 소리의 의성어인 '야옹'이 합성되었을 가능성이 가장 커 보인다. 고양이를 보는 관점이 변화하면서 애교를 강조하는 방향으로 지칭이 발달한 것이 아니었을까.

이처럼 '괴'와 '고이', '괴양이'와 '고양이'는 모두 고양이를 가리키는 말로 쓰이다가, 일제강점기를 겪은 뒤 근대적 국어교육이 시작되면서 '고양이'가 표준어로 정착되었다.

선비들의
사랑을
받다

개는 서방 금화金火의 기운을 받았고 몸까지

다부지니 어찌 그리 강건한가

고양이는 범같이 유연하나 악惡을 미워할 때는

고슴도치처럼 털을 세우네

대문 지켜 도둑 막아 재산을 불려 주고,

창고 맡아 쥐 잡아서 곡식도 지켜 주지

공을 따지면 한 집안의 난형난제일진대

상부상조해야지 잘 지내지 못하는고

개 없으면 도둑이 욕심대로 훔쳐 가고,

고양이 없으면 쥐들이 마음껏 날뛰리니

주인은 앉으면 불안하고 누우면 잠 못 이루어

기력이 쇠해지고 수명도 깎이리라

개야 고양이야 언제쯤 서로 마음을 모을 테냐

백발의 목은이 가만히 탄식하니,

긴 바람 산들산들 높은 숲에 불어오네

_ 이색,《목은집》"고양이와 개의 싸움[猫狗鬪]"

목은 선생은
애 묘 인

목은牧隱 이색李穡은 고려 말의 정치와 사상에 큰 족적을 남긴 인물이다. 26세의 나이에 고려에서, 그 이듬해에는 원나라에서 과거에 급제해 두각을 드러냈을 뿐 아니라, 공민왕의 신임을 받으며 고려의 각종 요직을 두루 거치는 등 관직도 탄탄대로를 걸었다.

특히 40세가 되던 1367년에는 성균관 대사성이 되어 버려져 있던 성균관을 다시 세우고 정몽주, 이숭인, 정도전 등의 인재들을 모아 성리학을 전수해 '유학의 대부[儒宗]'라는 칭송을 받았다. 그 뒤로 신돈*이 실각하자 이전부터 신돈을 비판하던 이색은 더욱 중용되었고, 정당문학政堂文學이라는 관직을 받아 국정을 실질적으로 이끄는 위치에 올라섰다.

하지만 이색의 전성기는 오래 이어지지 않았다. 1371년에 어머니의 상을 치르기 위해 관직을 버리고 고향으로 내려갔다가, 삼년상을 마치자마자 공민왕이 시해되었다는 소식을 듣고 큰 충격을 받아 건강이 악화되었기 때문이다. 6년 만에 돌아온 조정은 이미 어린 우왕을 옹립한 이인임李仁任 일파가 장악하고 있었다. 결국 이색은 관직에 복귀하는 것을 포기하고 장장 10년 동안 개경 외곽의 저택에 머무르면서 시를 쓰고 글을 짓는 데 힘을 쏟는다.

이 시기에 그는 공인으로서 은퇴한 상태였으나 사적으로는 다양하고 광범위한 교제를 이어 갔다. 같은 동리에 살고 있던 명필가 한수韓脩와 절친하게 교류하며 시를 주고받았고, 연회에 초청받아 자신보다 한 세대 위의 원로인 염제신·권적과 동등한 반열에 섰다. 이따금 안부를 물으며 찾아오는 제자들을 만났으며 정치적으로 대립하던 이인임·임견미

_* 고려 말의 승려이자 정치가. 공민왕의 신임을 받아 부정부패에 맞서 개혁을 이끌었지만, 지나친 전횡으로 실각하고 1371년 사형당했다.

이색의 초상화

17세기 이후 모사된 것으로 추정된다.

종이에 채색, 142×75cm, 국립중앙박물관 소장

같은 세도가에게 스스럼없이 찾아갔다. 이성계·최영이라는 걸출한 무장들과도 교분을 나눈 사실이 확인된다. 그런데 여기서 주목할 만한 점은 그의 친구 가운데 하나가 바로 고양이였다는 사실이다.

> 추위 두려워 손님을 돌려보내고
> 불가에서 고양이와 친하노라니
> 득실得失이 서로 절반이어서
> 중화中和가 절로 새로워지네
> _ 이색, 《목은집》 "외한畏寒"

이색이 1381년 겨울에 지은 이 시에서 고양이는 단순히 쥐 잡는 짐승에 머무르지 않는다. 손님을 돌려보낸 아쉬움과 고양이와 노는 즐거움이 서로 상쇄된다는 표현으로 미루어 봤을 때, 이색은 고양이를 인간과 동등한 존재로 여기고 있다. 나아가 고양이와 교감하며 중화中和, 즉 하늘의 순리에 따르는 마음을 새롭게 빚을 수 있다고 예찬을 한다. 그에게 고양이는 존재 자체로 일상 속에 기쁨을 주는 친구였던 것이다. 이규보와 이제현 같은 앞선 시대의 사람들과 비교해 보면 이색의 관점은 고양이에 대한 새로운 가치관의 등장을 보여 준다고 할 수 있으며 오늘날의 기준으로 보더라도 '애묘인'이라 부를 만한 수준이다.

그의 남다른 고양이 사랑은 "고양이가 새끼를 낳다" "고양이와 개의 싸움" 등 다른 시에도 잘 나타나 있다.

> 고양이는 가축으로 사람과 가장 친하고
> 생김새가 경쾌하며 성질도 잘 길드는데
> 갑자기 한밤중에 자는 나를 놀래다
> 새끼 낳고 핥아 주니 인仁을 아는도다
> 승냥이나 호랑이는 친해지기 어렵지만
> 고양이는 개와 말처럼 길들일 수 있나니
> 어찌 유독 영주永州에만 쥐가 많겠는가*
> 탐포貪暴한 자 내치는 것이 곧 인仁이라네

* 당나라 문인 유종원의 〈서설〉에 나오는 이야기다. 영주에 살던 어떤 사람이 자신이 쥐띠라는 이유로 집에서 고양이를 기르지 않고 쥐들이 들끓게 놔두었다고 한다. 쥐들은 나중에 집주인이 바뀌자 모두 잡혀 죽었다.

공정하고 자유로워 꺼림 없이 친해지고
악 없애고 잘 가르쳐 착한 이 길들이네
고양이 한 마리에 천리天理가 드러나니
내치는 일은 본디 제왕의 인仁이니라
_ 이색,《목은집》"고양이가 새끼를 낳다[貓生子]"

　　고려 말 사대부들의 구심점이었던 이색이 애묘인으로서
보인 모습은 그의 제자들에게도 적지 않은 영향을 끼친 것
으로 짐작된다. 예컨대 이색의 문객을 자처하면서 정몽주나
권근과 가깝게 교류하던 쌍매당雙梅堂 이첨李詹이 집에서
고양이를 몇 마리 길렀는데, 한번은 이 고양이들이 공동으
로 새끼에게 젖 먹이는 광경을 보고 시를 지었던 모양이다.
그 시를 읽은 권근은 이첨에게 새끼 가운데 한 마리를 주길
부탁하는 시를 써서 보냈다. 이것이 한국에서 처음으로 확
인되는 고양이 분양 기록이다.

　　가난을 싫어하는 쥐가 걱정이라
　　주리다가 책장 쏠까 시름이라오

〈문인아집도〉 부분

가까운 벗들과 시를 짓거나 그림을 감상하며
여가를 보내는 문사들의 모습이다.
왼쪽 하단에 개와 대치하고 있는 흰 고양이가 보인다.

14~15세기, 비단에 채색, 139×78cm, 삼성리움미술관 소장

그대 덕화에 고양이 서로 젖 물린다지[*]

주먹만 한 작은 새끼 한 마리 보내 주오

집도 나라처럼 하면 걱정이 없으리니

쥐가 부엌에 오가는 것을 용납할거나

고양이를 기르는 건 장수 양성과 같아

그 이빨 발톱으로 오랑캐를 평정하리

_ 권근, 《양촌집》 "쌍매당의 '묘유시'에 차운하다[次雙梅堂猫乳詩韵]"

이렇듯 이색을 중심으로 한 사대부들의 긴밀한 네트워크가 고양이, 그리고 고양이를 인간과 동등하게 교감하는 존재로 바라보는 관점이 퍼져 나가는 경로가 되었을 가능성은 충분히 그려 볼 수 있다. 혹시 이첨이 키우던 고양이도 이색에게서 분양받아 기르던 것이 아니었을까? 한 시대를 풍미했던 '이색 학원'의 기라성 같은 제자들이 저마다 고양이를 키

[*] 당나라 문인 한유의 〈묘상유설〉에 나오는 이야기다. 북평왕 집의 암고양이 두 마리가 새끼를 낳았는데, 한쪽 어미가 죽자 다른 어미가 어미를 잃은 새끼들을 거두어 젖을 먹였다고 한다. 이러한 공동 양육 습성은 지금도 종종 관찰된다.

우는 집사였다고 생각해 보면 상상만으로도 즐거운 일이 아닐 수 없다.

실제로 뒤이은 조선 초 사대부 사이에서는 고양이의 위상이 전반적으로 눈에 띄게 높아진 양상을 보인다. 우리의 추측이 맞다면, 이색은 단순히 한 고양이의 대부代父를 뛰어넘어 고양이를 대하는 사람들의 가치관 자체를 근본적으로 바꾼 주역인 셈이다.

금빛 고양이는
수   컷   이
적   다   ?

1392년 조선이 들어선 뒤 《조선왕조실록》에 처음으로 고양이가 흔적을 남긴 때는 태종 17년(1417). 이 고양이의 주인은 바로 신효창申孝昌이라는 사람이다. 그는 조선의 개국을 가로막는 이색·이숭인·권근 등을 탄압하는 데 앞장선 공으로 개국원종공신開國原從功臣에 녹훈된 인물이었다. 하지만 왕위 계승을 둘러싼 이성계와 이방원 사이의 부자 갈등이 터져 나오자, 그 일환이었던 조사의의 난*에 연루되어 모

---

*   1차 왕자의 난으로 살해된 방석의 원수를 갚는다는 명분으로 반란을 일으킨 조사의가 태종에 의해 진압된 사건.

든 관직을 잃고 유배당해 권력의 중심에서 밀려났다. 이내 관직을 받아 복권되기는 했으나 실권이라곤 없는 허울 좋은 관직이었다.

그래서인지 신효창은 자신이 키우는 고양이에게 남달리 깊은 애정을 쏟은 듯하다. 오죽하면 그와 고양이에 대한 이야기가 구중궁궐에 있는 세자의 귀에까지 들어갔을까? 더군다나 이 세자는 나중에 양녕대군이라는 이름으로 알려지는 조선 초 희대의 난봉꾼이었다. 신효창이 키운다는 '금빛 고양이'의 소문을 듣고 호기심이 동한 세자는 곧장 그의 집에 사람을 보내서 금빛 고양이를 달라는 말을 전했다고 한다. 일개 평민도 아니고 개국공신의 집에 찾아가서 대뜸 고양이를 달라니, 세자가 그를 얼마나 만만하게 봤는지도 알만한 노릇이다.

하지만 세자가 미처 예상하지 못한 점은 신효창이 자신의 고양이를 얼마나 애지중지하는지였다. 상대가 이 나라의 왕위 계승자인 만큼 고양이 정도는 순순히 바칠 법도 한데, 신효창은 끝끝내 고양이를 내주지 않으면서 오히려 세자의 스승인 탁신에게 이 사실을 일러바쳤다. 사건은 금세 세자의 교육을 담당하는 관원들 사이에 널리 알려졌고, 수업 시간에 이 문제에 대한 지적이 나오자 세자는 덜컥 겁이 났는지 구차스러운 변명을 늘어놓았다.

세자가 금빛 고양이를 신효창의 집에 요구하자, 신효창이 따르지 않고 빈객賓客 탁신에게 고하였다. 탁신이 서연관*을 불러 이야기하자, 이에 서연관이 진언하길 "이 동물이 비록 매나 개에 비할 바는 아니지만 구경거리로 삼아서는 안 되고 또한 재상의 집에서 구할 것도 아닙니다"라고 하였다. 세자는 "사람들이 늘 말하길 '금빛 고양이는 수컷이 적다'기에 보고 돌려보내려고 했을 뿐이다"라고 하였다.

_《태종실록》1417년 11월 24일

세자의 변명은 생각해 보면 다소 가소롭다. 어떻게 고양이 한 마리만 보고 '금빛 고양이는 수컷이 적다'는 속설을 검

---

*   세자의 교육을 담당하는 관리. 조선시대 세자의 수업을 서연書筵, 임금의
     수업을 경연經筵이라고 한다.

증할 수 있을까? 그리고 왜 하필이면 신효창이 애지중지하는 그 고양이라야만 한다는 말인가? 세자는 그저 만만한 사람을 하나 골라서 뻔한 시비를 걸었다가 본전도 못 찾았을 뿐이다.

다만 세자의 이런 철부지 같은 말에도 주목할 만한 부분이 존재한다. 바로 '금빛 고양이는 수컷이 적다'고 한 속설 자체다. 실제로 고양이의 털빛과 성별 사이에는 모종의 연관성이 있다. 고양이는 기본적으로 O유전자가 있으면 노란색, 없으면 검은색 털빛을 가지게 된다. 그리고 O유전자는 X염색체에 의해 부모에서 자식으로 전달되는데 성염색체의 조합이 XX가 되면 암컷 고양이가, XY가 되면 수컷 고양이가 태어난다. 그러므로 수컷 고양이는 털이 노랗거나(O) 노랗지 않은(N) 두 가지 경우만 존재하는 반면, 암컷 고양이는 털이 노랗거나(OO) 노랗지 않은(NN) 것 외에, 일부만 노란(ON) 세 가지 경우의 수를 가질 수 있다. 이 가운데 마지막 경우에 태어나는 고양이가 흔히 '삼색이'라고 하는 노란색-검은색 털빛(흰색은 다른 성격의 유전 요소)이 뒤섞인 고양이다.

이제 눈치 빠른 독자들은 금세 알아차릴 수 있을 것이다.

노란색 털을 만드는 O유전자를 받은 고양이 가운데 수컷은 2분의 1의 가능성으로 금빛 고양이가 된다. 하지만 동일한 조건에서 암컷은 삼색이라는 새로운 경우의 수가 있기 때문에 순수한 금빛 고양이가 태어날 가능성이 상대적으로 줄어든다. 결론적으로 고양이 가운데 삼색이는 모두 암컷인

삼색이

반면,[*] 금빛 고양이는 암컷보다 수컷이 더 많다. 따라서 '금빛 고양이는 수컷이 적다'는 말은 '금빛 고양이는 암컷이 적다'는 말로 바로잡아야 한다!

물론 현미경이 존재하지 않던 15세기의 사람들이 이러한 유전적 원인을 구체적으로 알 수는 없었다. 그러나 속설의 진위 여부는 차치하더라도, 고양이의 털빛과 성별의 관련성

---

[*] 성염색체 이상으로 수컷 삼색이가 드물게 나오기도 한다.

김홍도의 〈황묘농접〉(노란 고양이가 나비를 놀리다)

늦봄의 평화로운 풀밭에서 금빛 고양이가 호기심 가득한 눈으로 나비를 보고 있다.

1792~1794년, 종이에 채색, 30.1×46.1cm, 간송미술관 소장

에 주목했다는 점은 사람들이 고양이를 키우며 고양이의 품종과 교배에도 높은 관심을 보였음을 여실히 반영한다. 특히 금빛 고양이는 이후로도 한국사 속에서 거듭 모습을 드러내며 귀한 존재로 대우받는다. 금빛 고양이가 각광을 받았던 것은 아마도 부귀를 상징하는 '금색'과 재산을 지켜 주는 고양이의 역할이 결부되면서 자연스레 선호도가 높아졌기에 나타난 현상이었을 듯하다.

이러한 관심은 같은 시기에 살았던 이순지의 책《선택요략》에서도 엿볼 수 있다. 이 책은 날짜와 방위에 따른 일상 속 길흉화복을 정리한 일종의 점술서로, 당시 사람들의 평소 생활이 어땠는지 풍부하게 기록되어 있다. 그 가운데 가축과 관련된 택일을 모은 장에는 고양이에 대한 흥미로운 언급이 나와 눈길을 끈다.

수말의 거세[騸馬](소 거세, 양 거세, 돼지 거세, 닭 거세, 개 거세, 고양이 거세[淨猫]도 같다.)

나쁨: 도침刀砧·비렴飛廉·수사受死·본속本屬

고양이와 개 구매[買猫犬]

좋음: 갑자·을축·경오·병자·임오·경자·병오·임자·병진

고양이 들이기[納猫]

좋음: 날짜는 천덕天德·월덕月德·생기生氣

　　　방위는 천덕·월덕으로 들어가면 길하다.

나쁨: 날짜는 비렴飛廉

　　　방위는 학신鶴神·비렴飛廉으로 들어가면 흉하다.

_ 이순지,《선택요략》〈육축류〉

　　이 기록에서 우리는 조선 초부터 정묘淨猫라는 이름으로 고양이의 중성화가 이루어지고 있었고 고양이를 거래했다는 것을 알 수 있다. 고양이 구매[買]와 고양이 들이기[納]가 서로 구분되어 있어 전자는 '매매'고 후자는 '분양'이라 짐작하기 쉽지만, 말과 소도 구매와 들이기가 따로 있는 것으로 미루어 둘은 지금의 '계약'과 '인수'에 상응하는 단어로 보는 것이 더 적절하다. 거래 절차가 있었을 만큼 당시 고양이를 사고파는 일이 활발했던 것이다. 고양이 매매와 중성화의

존재는 고양이를 원하고 사랑하는 사람들이 많아지면서 특정한 고양이를 골라 기르고 번식시키려는 시도가 있었던 모습을 간접적으로 보여 준다.

비 단 방 석 을
깔   고
앉 아 서

세조 시대 최고의 문장가로 많은 저작을 남긴 서거정徐居正은 한국 고양이의 역사에서도 중요한 위치를 차지하고 있다. 바로 고양이를 본격적으로 문학 속에 끌어들인 인물이기 때문이다. 그의 문집인 《사가집》에서는 무려 17편의 시에 고양이가 등장하는데, 그가 묘사하는 고양이는 대체로 봄날의 따사로운 햇살 아래 한가롭게 잠들어 있는 모습이다. 그것은 곧 서거정 자신이 이상으로 삼았던 평화로운 자연의 상태이기도 했다.

봄날은 따스하고 햇빛 환히 빛나는데

버드나무 그늘 속 싸리문이 비껴 있네
꽃 그림자 농밀한데 고양이는 졸고 있고
산 빛깔 짙어짐에 제비가 엇갈린다
뜰 위의 대나무는 내게 배워 말라 가고
산속의 고사리는 님을 따라 살쪄 가니
나무 뒤에 숨은 새는 얼마나 일이 많아
아침마다 우는 소리 불여귀不如歸라 하는지
_서거정,《사가집》"즉흥시[卽事]"

　서거정은 이렇게 문밖에서 만난 고양이만이 아니라, 집
안에서 키웠던 고양이에 대해서도 시를 지어 남겼다. 그는
자신의 고양이를 가리켜 오원자烏圓子라고 부르는데, 여기
서 '오원'은 중국에서 고양이를 가리키던 말이었다. 자신이
키우는 고양이에게 지금의 '야옹이'나 '나비'와 비슷한 말을
가져다 붙인 셈이다.

　각설하고 본격적으로 서거정의 이야기를 따라가 보자.
1477년 하짓날 저녁, 좀처럼 잠을 이루지 못하던 58세의 서
거정은 벽에 기대앉아서 꾸벅꾸벅 졸고 있었다. 그러다가

부스럭거리는 소리에 실눈을 떠 보니, 무엇인가 병풍 뒤에서 움직이는 것이 아닌가? 때마침 침상[榻] 밑에는 병아리가 담긴 바구니가 있었기에 그는 오원자가 이들을 해치려는 것으로 짐작하고 작대기를 집어서 튀어나오는 즉시 내리칠 준비를 했다. 하지만 아차, 병풍 뒤에서 튀어나온 것은 자그마한 생쥐였다! 그리고 정작 오원자는 그 생쥐를 잡아 죽이고는 자신의 자리로 돌아가 가만히 웅크리는 것이었다. 지레짐작으로 오원자의 마음을 의심하고, 독한 마음으로 작대기까지 들었던 서거정은 부끄럽고 미안한 생각이 들어 오원자 앞에 이렇게 잘못을 빈다.

> 고기 먹는 제후로 삼아도 그 공덕을 갚지 못하는데
> 어찌 한 번의 그릇된 생각으로 이 잘못에 이르렀나
> 너는 정직함 때문에 나에게 해를 당하고
> 나는 의심으로 무고한 너를 죽일 뻔했다
> 비록 내가 병아리에게는 인자했지만
> 정작 너에게 인자하지 못하였으니
> 쥐를 위해 원수를 갚는 것이 그 무슨 이치겠느냐…

_서거정,《사가집》"오원자부烏圓子賦"

서거정의 태도는 지금 애묘인들의 관점으로 보면 분명 아쉬운 구석이 있다. 고양이의 외견은 감상하면서, 고양이가 역할에 반한다고 생각하면 서슴없이 몽둥이질을 할 수 있다는 말인가? 잠을 설치고 신경이 곤두서 있던 점을 아무리 참작하더라도, 결국 고양이의 가치 본위를 쥐 잡는 기능에 두는 모습은 어딘가 실망스러운 것이 사실이다. 이색이 고양이 사랑의 새로운 지평을 열었지만, 한편으로는 여전히 이전 시대의 인식이 강고하게 남아 있었음을 알 수 있다. 농업 기반의 사회에서 고양이는 어찌되었든 쥐와 떨어질 수 없는 관계였던 것이다.

하지만 다채로운 인간사는 어디선가 퇴보가 있으면 또 어디선가 진보가 있는 법, 서거정보다 19세 연하의 문인이었던 성현成俔은 키우던 고양이가 개에게 물려 생을 마감하자 눈물을 흘리면서 양지바른 언덕에 무덤을 만들어 줬다. 이것만 하더라도 예사롭지 않은데, 그가 쓴 추도문은 가히 한국 고양이의 역사에 길이 남을 걸작이다. 서거정과 달리

고양이가 그 자체로 하나의 목적이 된 성현의 고양이 사랑
은 이색의 뒤를 이어받아 더욱 발전시킨 단계이며, 지금의
애묘인들과 비교해 봐도 못한 점이 없다고 하겠다.

예리한 발톱과 굳센 이빨은
위엄을 드날리는 것이요
새벽에 둥글고 낮에 가는 눈
시간을 알리는 것이라네

올바른 색을 타고난 데다
생김새에도 흠이 없어서
눈처럼 흰 터럭 깔끔하고
눈처럼 흰 터럭 보송했지

너의 모습을 사랑하여
먹이를 줘서 맞이하였고
내게서 먹고 내게 기대어
네 해를 여기서 지냈으니

비단 방석을 깔고 앉아서

배불리 먹고 재롱부리되

낮에 거닐고 밤에 움직여

그 기회를 잘 잡았음이라

사람을 위해 해악 없애니

그 공로 결코 적지 않은데

신의가 동물에 닿지 못하니

나의 덕이 쇠하였구나*

_ 성현,《허백당집》"흰 고양이를 묻는 글[瘞白猫文]"

    오늘날 우리가 흔히 짐작하는 것과 달리, 조선 사람들에게 고양이는 요물이 아닌 쥐를 잡아 주는 고마운 동물이었다. 시인에게는 영감의 원천이었고 때로는 마음의 안식을 찾아 주는 친구로 자리를 잡고 있었다. 그래서인지 사람이 제사를

---

*   《주역》의 중부패中孚卦 해석에는 '돼지와 생선이 길하다고 함은 믿음이 돼지와 생선에게까지 미치기 때문이다'라는 말이 있다. 이에 의거해 고양이가 죽은 이유를 자신의 부덕으로 돌리는 표현이다.

치르는 날이면 고양이는 남은 반찬을 포식하기도 했다.

사림파의 영수 김종직金宗直이 아버지 김숙자의 언행을 회고한 《이준록》에는 김숙자가 제사상에 올리기 위해 준비한 음식을 아이들이나 고양이, 개에게 미리 주지 못하게 했다는 언급이 있다. 이것을 뒤집어 보면 이전까지는 그러한 일이 빈번하게 있었다는 의미가 된다. 게다가 어디까지나 '제사를 치르기 전'이라는 단서가 있는 만큼, 제사를 마친 뒤에는 제삿밥을 음복飲福하는 과정에서 고양이도 마음껏 배를 채웠을 것이다.

이 시기에는 고양이를 소재로 한 그림도 종종 제작되었다. 앞서 이야기한 서거정의 시 가운데 4편이 고양이 그림을 감상하고 지은 것이다. 애석하게도 서거정이 생전에 봤을 법한 그림은 모두 사라지고 없지만, 대신 16세기에 제작된 이암李巖의 〈화조묘구〉 두 폭으로 조선 전기의 화풍을 짐작해 볼 수 있다.

그림 속 고양이들은 모두 등과 꼬리가 검고 배와 발은 흰색인 전형적인 턱시도인데, 사실적인 묘사가 발달하기 전이기에 고양이의 목이 짧고 눈이 부리부리한 등 표현이 투박

이암의 〈화조묘구〉(꽃, 새, 고양이, 개)

왼쪽 그림의 고양이는 새를 잡으려는 듯
동백나무 줄기를 움켜쥐고 있고, 오른쪽 그림의 고양이는
매화나무 아래에서 누런 개와 대치하고 있다.

16세기, 종이에 채색, 87×44cm

한 편이다. 그래도 보면 볼수록 나름대로 정감이 가지 않는가? 이 독특한 화풍은 조선 후기에 민화로 계승되어 사람들 가까이 자리 잡게 되었다.

행운을 부르는 동물

조선에서 고양이가 지닌 의미는 시간이 지나면서 점차 확대되었다. 재산을 지켜 주는 동물이라는 기본적인 인식에서 재산을 불러오는 동물로, 더 나아가 행운을 가져오는 존재가 되기에 이른 것이다. 다른 나라의 경우 가깝게는 일본의 마네키네코招き猫가, 멀리는 유럽의 장화 신은 고양이Puss in Boots 민담이 이러한 관점을 보여 주고 있다.

한국의 행운의 고양이 이야기는 17세기 광해군 시절에 유몽인柳夢寅이 지은 《어우야담》에서 기원을 찾을 수 있다. 과거에 응시할 때마다 고양이가 앞을 지나가면 반드시 합격하는 징조가 있었던 신숙申熟이라는 선비가 마지막 시험을

마네키네코

장화 신은 고양이

앞두고 고양이가 나타나지 않자 거꾸로 고양이를 찾아 나섰다는 일화다. 기어이 늦은 밤 어느 주막 문간에서 웅크리고 있던 고양이를 찾아낸 그는 부채를 휘둘러 고양이가 지나가게 한 뒤에야 안심하고 집에 들어와 다음날 과거에 급제했다고 한다.

그런데 신숙의 이야기는 따지고 보면 우스운 구석이 있다. 과거의 최종 시험인 전시展試는 애당초 응시자를 탈락시키는 과정이 아니라 이미 선정된 급제자 가운데 순위를 매기는 논술 시험이기 때문이다. 다시 말해 신숙은 이미 급제가 정해진 상태인데도, 조금이라도 우수한 성적을 거두려는 생각으로 가만히 있는 고양이를 억지로 성가시게 만들었던 것이다. 더군다나 그렇게 얻은 성적이 딱히 우수한 것도 아니었다.《국조방목》의 급제자 명단에서 신숙을 찾아보면 그는 선조 2년(1569) 별시에서 병과丙科 7위에 그쳤고, 이는 총 16명의 급제자 가운데 11등이라는 변변찮은 성적이었다.

시험 전날에 공부는 안 하고 밤늦게 애꿎은 고양이만 찾았으니 우수한 성적이 나올 수 있겠는가! 그래서인지 유몽인은 이 이야기에 다음과 같은 논평을 덧붙였다.

선비가 도리를 알면서 어찌 요망한 설에 현혹되겠는가? 다만 선비들의 습속이 과거를 중시해 마치 물을 건너는 사람이 죽고 사는 것을 근심하는 듯하니, 가소로운 일이다.

_유몽인,《어우야담》〈종교편〉

이 이야기는 입에서 입으로 전해 내려오는 일반적인 민담과 달리 신숙의 경험담일 가능성이 대단히 크다. 신숙은 1537년에 태어나서 1605년에 세상을 떠났으니 유몽인이 살았던 시기(1559~1623)와 거의 겹치는 기간이다. 게다가 두 사람은 그저 같은 시대를 살았던 수준이 아니다. 유몽인은 신숙의 조카딸을 아내로 맞았고 신숙이 사망하자 그의 묘비에 들어갈 글을 지은 사람이었다. 그 정도로 가까운 친척이었던 것이다. 언젠가 처가를 찾은 유몽인에게 처숙부 신숙이 소싯적 이야기를 들려줬고, 유몽인이 그것을 기억하고 있다가 자신의 책에 적었다고 해도 지나친 상상은 아닐 것이다.

신숙의 일화는 이후 만들어진 장순손張順孫 이야기와 굉장히 유사하다. 17세기에 지어진《축수편》이라는 야담집에

1569년 10월 21일 별시 급제자 명단

역대 문과 급제자(조선 태조~영조)를 기록한《국조방목》의 일부.
흰 선 안에 있는 것이 신숙의 성적이다.

나오는 이 이야기는 폭군으로 잘 알려진 연산군 시대가 배경이다. 하루는 종묘의 제사가 끝나고 나온 고기가 궁중에 올라왔는데, 연산군이 아끼는 성주星州 기생이 웃음을 참지 못했다. 연산군이 이유를 묻자 기생은 성주에 사는 장순손의 모습이 돼지머리와 비슷했던 기억이 떠올라 웃었다고 대답했고, 연산군은 진노해 "장張은 분명히 네 애인이리라. 서둘러 '돼지머리'를 베어 바쳐라"라는 명을 내렸다. 졸지에 한양으로 잡혀가던 장순손은 함창 공검지(저수지) 아래 갈림길에서 고양이를 보더니 금부도사에게 한 가지 부탁을 한다.

저는 평생 과거 보러 가면서 길을 넘어가는 고양이를 보면 반드시 붙었습니다. 오늘도 우연히 이 고양이를 갈림길에서 봤고, 이 지름길로 가는 것이 더 빠르니 이 길을 따라가길 바랍니다.

_김시양,《축수편》(《연려실기술》 수록)

금부도사는 장순손의 부탁을 받아들였고, 덕분에 그를 죽이러 내려오던 무관과 엇갈리게 되었다. 길이 엇갈린 것을 뒤늦게 알아차린 무관이 급히 말머리를 돌려 따라왔으나 그 사이 중종반정이 일어나 연산군이 쫓겨나면서 장순손은 아슬아슬하게 목숨을 건질 수 있었다. 이후 그는 승진을 거듭해 정승의 자리까지 올랐다가, 말년에 조광조趙光祖와 대립하고 간신이었던 김안로金安老와 결탁하면서 정치적 오점을 남기기도 했다.

장순손의 이야기는 신숙의 경우와 달리 사실로 받아들이기 어려운 구석이 많다.《조선왕조실록》에 따르면 중종반정 닷새 전에 연산군이 장순손을 잡아 오라는 전교를 내리기는 하지만, 이것은 국문하라는 것이지 죽이라는 의미가 아니었다. 그리고 사건의 발단이 된 돼지머리가 종묘에서 올라왔다고 하지만, 종묘의 제사에 올라가는 돼지고기는 시성칠체豕腥七體라고 해서 사용하는 부위가 엄격하게 제한되어 있고 돼지머리는 이 가운데 존재하지 않는다.

분명한 점이라면 '평생 과거 보러 가면서 길을 넘어가는 고양이를 보면 반드시 붙었다'는 장순손의 말에 신숙의 일화를 그대로 겹쳐 볼 수 있다는 것이다. 과거에 응시하는 사람들에게 행운의 고양이에 대한 믿음이 그 정도로 널리 퍼져 있었던 것일까? 아니면 장순손 이야기가 신숙의 일화를 바탕으로 만들어진 것이었을까?

어쨌든 이 민담은 시간이 흐르면서 또 다른 주인공으로 변주된다.《눌재집》에 삽입되어 있는 연산군 시절의 문신 박상朴祥의 이야기를 보면, 주인공이 한양으로 가는 도중에 고양이가 배회하는 샛길로 들어선 덕에 금부도사와 길이 엇갈리고 그 사이 중종반정이 일어나 화를 피한다는 골조를 그대로 따르고 있다. 단지 무대가 경상도에서 전라도로 바뀌고, 그가 연산군의 진노를 사는 원인이 강화된 수준이다. 물론 이 역시 후대에 창작된 이야기로 역사적 사실과는 무관하다. 박상이 사망한 이듬해 지어진 〈눌재선생행장〉(1531)에는 그가 전라도도사로 내려갔다가 정상적으로 임기를 채우고[秩滿] 왔다고만 기록되어 있기 때문이다.

이처럼 재미있는 이야기가 사실이 아니라는 소식에 다소 실망한 독자들도 있겠지만, 이 이야기를 통해 우리는 당시 사람들에게 고양이가 어떤 존재였는지 충분히 느낄 수 있다. 그들에게 고양이는 곧 재산을 늘려 주고 행운을 불러오는 동물, 불안한 선비는 과거에 급제시켜 주고, 착한 선비의 억울한 죽음은 막아 주는 동물, 가지 않은 새로운 길로 사람을 초대하는 동물이었다. 참으로 선비들의 사랑을 받을 만하지 않은가?

상원사 돌고양이의 진실 공방

태백산맥 가운데 있는 오대산 상원사上院寺에는 고양이가 세조 임금의 목숨을 구한 이야기가 전해 내려오고 있다. 최근 한 영화의 소재가 되었을 정도로 사람들 사이에 잘 알려져 있는 이야기지만, 아쉽게도 이것은 근대에 이르러 생긴 허구가 분명하다. 1918년 간행된《조선불교통사》를 통해 진상을 파헤쳐 보자.

세조가 상원사 불전에 들어가 예배하려는데, 문득 한 고양이가 나타나 어의御衣를 입으로 물고 멈췄다. 세조가 이상해서 곧장 나와 수색을 명하니, 불탁 밑에서 과연 한 자객을 찾아내 참수하였다. 상원사에 양묘전養猫田이 있는 것은 대개 이

때부터 시작된 것이라 한다. 왕궁 안에 평소 고양이가 많았지만 덫으로 잡는 것을 허락하지 않았다. 참살한 자의 용모파기를 갖추고, 그 고양이는 광주 봉은사 앞의 무동도舞童島에 놓아줬다. 그러므로 묘전猫田 50경을 주고 봉은사에 소속시켜 고양이를 기르는 자산으로 삼았다고 한다.

_ 이능화, 《조선불교통사: 하편》 "월정사에서 본 문수동자[月精寺見文殊童子]"

곰곰이 따져 보면 이 이야기는 수상한 점이 한두 가지가 아니다. 우선, 임금의 목숨을 노린 역모 사건이 그 어떤 흔적도 없이 사라질 수는 없다. 《조선왕조실록》에 따르면 세조는 1466년 강원도 순시의 일환으로 사흘 동안 상원사에 있으면서 과거를 주최했다. 만일 이 기간에 사건이 일어났다면, 급히 과거를 취소하고 한양으로 복귀하는 것이 상식적인 반응이다. 그러나 세조는 머무르는 마지막 날에 과거 합격자를 정상적으로 발표하고, 한양으로 돌아오는 길에 양평군 경내에서 2박 3일을 지내며 사냥까지 벌이는 여유를 보여 준다.

'세조가 불전에 들어가 예배를 드린다'는 이야기의 도입부도

상원사 경내에 있는 고양이 석상

세조와 고양이 이야기의 증거로 여겨졌지만,
실제로는 불법을 수호하는 사자상이 풍화되면서
고양이로 오해받은 것이다.

역사적 사실과 미묘하게 어긋나 있다. 세조가 상원사에 들른 것은 자신의 후원으로 재건된 상원사의 완공식에 참석하기 위한 것이었고, 이때 그는 상원사 경내에 머무르지 않고 외부에 따로 행영行營을 설치해 막사에서 숙식을 해결했다. 즉, 완공식 순간을 제외하면 상원사 경내에 들어간 적이 없었을 가능성이 크다. 만일 자객 소동이 완공식 도중에 일어났다면 이런 중대한 사건이 실록과 같은 공식 기록에서 은폐되기란 대단히 힘든 일이다.

이에 맞서 상원사 경내에 있는 한 쌍의 고양이 석상이 자객 소동의 물증으로 여겨지기도 한다. 하지만 이것도 생각해 보면 이상하다. 당장 이야기 속에 등장하는 고양이는 한 마리인데, 나머지 한 마리는 어디서 솟아난 것일까? 때문에 학계에서는 고양이 석상의 실체를 두고 불교의 수호 동물인 사자를 조각한 것이 마모되면서 고양이로 보이게 되었다는 견해를 제시하고 있다. 양묘전 내지 묘전도 20세기 이전까지는 문서에 나타나지 않는 명칭이다. 예컨대 1469년 상원사에 발급된 토지 문서를 보면, 세조가 상원사에 땅을 기증한 사실이 나타나지만 그 가운데 고양이와 관련된 말은 보이지 않는다.

한국사를
뒤흔든
고양이
스캔들

우리나라의 속담에는 고양이가 새로 사망한
시신과 널을 넘어가면 시신과 널이 스스로
일어나고, 고양이를 쪄서 저주하면 재물을 훔친
도적이 반드시 죽을병에 걸린다고 한다. 또 고양이
뼈를 묻어서 남을 저주하거나 고양이가 사람의
내장을 환히 들여다본다고 하니, 말이 지나치게

괴이하므로 아울러 변증한다. 또한 고양이는
성품이 지극히 독살스러워 사람이 때려서 어쩌다
죽이게 되면 반드시 보복한다고 한다. 간간이
근거로 삼을 만한 족적이 있으니 가까이하지 못할
동물이다.

_ 이규경,《오주연문장전산고》〈만물편〉

사 람 잡 는
고 양 이 ?

1600년, 길었던 일본과의 전쟁이 끝나고 두 해가 지났지만 조선에는 아직까지 그 상처가 남아 있었다. 임진왜란과 정유재란으로 조선의 군사력은 탕진되었고, 일본군이 바다 너머로 돌아가기는 했으나 전쟁이 완전히 끝났다고는 확신할 수 없는 실정이었다. 때문에 조선으로 파병되었던 명군도 전부 중국으로 가지 않고, 일부가 이승훈李承勛이라는 장수의 지휘에 따라 조선에 남아서 일본의 움직임을 경계하고 있었다.

　이승훈은 정중하고 조심스러운 언행으로 조선에서 평판이 좋았지만, 한번은 그가 보낸 공문 하나가 조선 조정을 당

혹스럽게 만들었다. 공문은 바로 자신이 키우던 고양이가 사라졌으니 조선에서 찾아 달라는 내용이었다.

이李 제독 접반사 황우한이 아뢰었다.

"고양이 한 마리 잃어버린 것으로 제독이 상에게까지 계첩揭帖할 줄은 생각지 못하였으니 황공함을 이길 수 없습니다. 마을 안과 해당 구의 아전들을 모아 따뜻한 말로 엄히 지시한 것이 한두 번이 아니고, 한번은 관리들에게 사정을 타이르고 안팎으로 방방곡곡 널리 수소문해 거의 찾아낼 수 있다는 희망을 가졌는데, 이후 시일이 오래되어도 찾아 드리지 못해 몹시 미안하였습니다. 우선 아문에 가서 사죄하려 했으나, 주周 중군이 '노야께서 그 고양이를 못 잊고 계시니 찾을 길이 있다면 며칠 더 있다 와서 사죄하는 것이 좋겠다' 하여 도로 물러났습니다. 찾는 일로 거듭 전교를 내리셨는데 사세가 이와 같아 감히 아뢰나이다."

_《선조실록》 1600년 8월 8일

이승훈은 중국에서 멀리 떨어진 조선 땅까지 자신의 고양이를 데리고 왔던 것일까? 아니면 조선에서 우연히 만난 고양이를 주워 기르게 된 것일까? 어찌 되었든 분명한 점은 그가 자신의 고양이를 진심으로 깊이 사랑했다는 점이다. 그렇지 않고서야 고양이를 찾아 달라는 청원을 왕에게 공문서로 보냈겠는가. 하지만 나라 꼴은 다소 우습게 되었다. 주한 미군 사령관이 대통령에게 공문을 보내 고양이 수색을 부탁한다는 일이 상상이나 되는가? 조선 조정에서도 사라진 고양이를 찾아낼 뾰족한 수가 없었기에, 결국 선조의 대응은 고양이 수색을 다시 한 번 독려하는 것에 그쳤다.

다른 눈으로 보면 이 사건은 역설적으로 이승훈이 얼마나 신사적인 사람이었는지 말해 주기도 한다. 조선으로 파병된 명군 장수 중에는 무뢰한 같은 인물도 있었으니, 그런 사람이라면 자신의 직속 군사들을 움직여 한양의 민가를 마구잡이로 뒤지면서 한바탕 행패를 부렸을 것이다.

그러나 이승훈은 어디까지나 조선의 힘을 빌려 고양이 수색을 한 것으로 보인다. 그가 선조에게 공문을 보낸 것도 집 나간 고양이를 찾으려는 집사의 절박한 심정과 명군 대장으로서 조선을 배려하는 입장을 두고 고심을 거듭한 결과가 아닐까 싶다. 이승훈은 그해 9월 27일 귀국길에 올랐으니, 한 달 남짓한 사이에 고양이가 집으로 돌아왔기를 바랄 따름이다.

이보다 100년 전인 서슬 퍼런 연산군 시절에도 비슷한 일이 있었다. 연산군 10년(1504) 3월 9일에 승정원으로 전교가 한 통 내려왔는데, 그 말인즉 "내관 임세무 등이 대내大內의 고양이 새끼로 사옹원에서 쥐를 잡다 고양이를 놓쳤으니, 의금부에서 형신하라"라는 내용이었다. 여기서 대내라는 말은 임금이 잠을 자는 침전을 가리키고, 사옹원은 궁궐의 음식을 관장하는 곳으로서 수라간의 상급 기관에 해당한다. 그러니까 임세무는 침전에 살던 고양이를 데려다가 쥐를 잡으라고 풀어 두었고, 그러다 고양이가 사라졌다는 말이다.

여기서 주목해야 할 것은 연산군의 반응이다. 일반적인 임금이라면 고양이가 사라졌다는 말을 듣더라도 이 정도로 심각하게 반응하지는 않았을 것이다. 반응을 보이더라도 궁중의 법도에 따라 처리하지 외부의 수사 기관으로 끌고 가라고 하지는 않았을 것이다. 물론 연산군이 조선 역사에서

첫손에 꼽히는 폭군이므로 '대개의 임금'에 속하지 않는 것은 분명하지만, 아무리 그래도 의금부는 너무하지 않은가? 의금부는 대역죄·강상죄처럼 반인륜적인 범죄를 다루는 기관인데, 고양이를 잃어버린 것이 그런 취급을 받아야 할 중죄라는 말인가? 게다가 연산군은 이미 죄상이 드러난 사람에게 고문을 가하라고 했으니, 엄연한 사법 기관을 사람 잡는 도구로 쓴 것이다.

이러한 모든 의문은 결국 임세무가 잃어버린 대내의 고양이가 쥐 잡는 동물이라기보다 애완동물에 가까웠었던 정황을 가리키고 있다. 중전(폐비 신씨)이나 후궁이 기르던 것일 수 있기에 반드시 연산군이 키우던 고양이라고 단정하기는 어렵지만, 연산군의 극단적인 반응으로 미루어 그 역시 고양이와 상당한 관련을 맺고 있었을 가능성이 커 보인다.

그래서일까. 이로부터 고작 열흘 뒤인 3월 20일 밤, 연산군은 어머니 윤씨를 배척했던 선왕의 후궁 정씨와 엄씨를 때려죽이며 본격적인 폭주에 들어갔고, 이어 갑자사화甲子士禍까지 일으키며 폭군으로 돌변한다. 혹시 애지중지하던 고양이의 실종이 연산군이 폭주하는 계기가 된 건 아닐까?

그렇다면 이 고양이는 농담이 아니라 정말로 사람을 여럿 잡은 셈이다!

조선에서 고양이가 사람을 잡은 경우는 이것만이 아니었다. 왕실의 사당인 종묘 안에는 숲이 있어서 고양이가 살기에 알맞은 환경이었는데, 실제로 임진왜란·정유재란을 치르면서 버려져 있던 종묘에 고양이들이 자리를 잡은 모양이다. 문제는 그 이후로 종묘에서 제사를 지내노라면 가끔씩 고양이가 난입하는 바람에 관리들이 골치를 썩었다는 것이다.

인조 3년(1625) 6월 15일 자 《승정원일기》에는 종묘에서 제사를 지내는 와중에 고양이가 고기를 물어 간 사건이 다음과 같이 기록되어 있다.

길성위 권대임이 아뢰었다.

"신이 오늘 망제望祭에 차임되어 종묘에서 제사를 베풀고, 정전에 들어가 제8실에 술잔을 올리는 때 문득 상실上室에 떨어지는 소리가 들렸습니다. 곧바로 관계관인 직장直長 김진이 가서 살펴보게 하니 제3실의 사슴절임 한 덩어리가 없어지고 제기도 엎어져 있었으며, 삵인지 고양이인지 분간할 수 없으나 불빛 속에서 달려 나가는 모습이 있었습니다. 신이 앞 뒤로 종묘의 제사에 차임된 것이 한두 번이 아니지만 일찍이 이런 일은 없었습니다. 놀랍고 괴이함을 이기지 못하겠습니다. 감히 아룁니다."

_《승정원일기》 1625년 6월 15일

이 사건은 별다른 문책 없이 넘어갔지만, 같은 일이 자꾸만 반복되자 징계 수위도 점차 올라갔다. 숙종 16년(1690) 3월 1일에는 관련자들이 문책당하고, 영조 12년(1736) 12월 25일에는 사건에 관계된 관리를 하옥하라는 처분이 내려지기도 했다.

해흥군 이강, 해창군 이기, 낙풍군 이무 등이 상소하였다. "삼가 아룁니다. 신들이 태묘 납향대제臘享大祭의 헌관으로 차임되어 삼가 제사를 거행하는데, 제2실에 두 번째 잔을 올리는 때 고양이가 문득 정전 안으로 들어왔기에 관계관을 시켜서 곧장 쫓아냈으니 일이 몹시 놀랍습니다. 이것은 비록 종묘를 지키는 관리인들이 상시 방지하는 데 힘쓰지 않았기 때문이지만, 마침 신들이 제사를 행할 때 이 일이 있으니 신들도 검찰하지 못한 잘못을 면하기 어렵습니다. 황공함을 이기지 못하고 대략 이렇게 아룁니다. 삼가 성명聖明께서는 속히 견책하시어 일의 처리를 무겁게 하고 개인의 마음을 편안히 하여 주신다면 천만다행이겠습니다."

답하였다.

"상소를 모두 살펴보니, 이는 경들의 잘못이 아니다. 사죄하지 말라."

이에 전교하였다.

"지금 헌관의 상소를 보니 검사하지 못한 바가 매우 놀랍다. 해당 관계관은 잡아들이고, 관리인은 해당 관청에서 추문하라."

_《승정원일기》 1736년 12월 25일

졸지에 감옥에 갇힌 사람 입장에서는 종묘에 사는 고양이들이 꽤 원망스럽기도 했으리라. 하지만 고양이의 눈으로 보면 어디 그런가? 그들은 오히려 자신이 사는 영역에 먹음

직스러운 고기를 차려 두는 인간들을 의아한 눈으로 바라보
다 사람들이 떠나자 덥석 물어 갔을 뿐이었다. 그것이 그들
에게는 자연의 순리였다.

고양이 저주
잔 혹 사

17세기 유럽에서 고양이가 마녀사냥의 일환으로 수난을 당한 사실은 여러모로 널리 알려져 있다. 그럼 한국에서도 이와 비슷한 일이 있었을까?

농경 문명의 전통이 강고한 한반도에서 고양이는 고마운 동거인에 가까웠고, 악마의 화신으로 간주되지는 않았다. 하지만 문명과 야생의 차원을 넘나드는 이 동물의 신비로운 힘을 탐내는 인간의 욕망은 번번이 모두에게 비극적인 결과로 이어지고는 했다. 그 시작은 중국 수나라 시대의 묘귀猫鬼 사건으로 거슬러 올라간다.

독고타의 여종 서아니가 말하길 "본래 독고타의 외갓집에서 묘귀를 섬겼다. 자子로써 밤낮으로 제사하니, 자라는 것은 쥐다. 그 묘귀는 매번 사람을 죽이는 것인데, 망자의 집 재물이 몰래 묘귀를 기르는 집으로 옮겨 간다"라고 하였다. … 사건을 수사하던 양원楊遠이 문하외성門下外省으로 서아니를 보내 묘귀를 불러 봤다. 서아니는 밤중에 향기로운 죽 한 사발을 두고 숟가락으로 두드리며 외치길 "묘녀猫女여 오너라, 궁안에 살지 마라"라고 했다. 오랜 시간이 지나자 서아니의 안색이 새파래지고 마치 끌려가는 듯하더니 묘귀가 왔다고 하였다.

_《수서》〈열전〉

이 기록에서 우리는 재물신이 된 고양이를 볼 수 있다. 중세 중국의 주술 속에는 한 집안의 재복財福을 상징하는 고양이를 불러오는 것은 그 집안의 재복을 가져오는 행위와 같다는 생각이 있었던 것이다. 이러한 생각은 방대한 신화를 토대로 인류의 정신 발전을 탐구한 제임스 프레이저가《황금가지》에서 정의한 감염주술Contagious Magic*에 해당하는 것으로, 세계 각지에서 비슷한 사례를 어렵지 않게 찾아볼 수 있다.

그나마 묘귀 사건은 고양이에게 해를 끼치지 않았지만, 시간이 흐르면서 인간의 욕망은 자꾸만 대담하고 잔혹하게 발달해 갔다. 영리하고 신비로운 고양이가 죽어서도 초자연적인 방법으로 은혜와 원한을 갚을 수 있다고 생각하게 된 사람들은 급기야 고양이를 죽이고 그 원한을 떠넘기는 식으로 다른 사람을 저주하기 시작했다.

한국에서 고양이 저주는 광해군 시기 계축옥사癸丑獄事의 일환으로 처음 나타난다. 광해군의 이복동생 영창대군이 언급된 역모 사건을 수사하는 과정에서 영창대군의 보모 덕복, 덕복의 조카 김순복, 다시 그 아들 김응벽이 줄줄이 국문장으로 끌려오게 되었는데, 김응벽이 모진 고문을 당한 끝에 충격적인 자백을 토해 낸 것이다.

---

* 어떤 물건에 접촉하면 접촉이 끝난 후에도 지속적으로 영향을 받으며 그 물건이 가진 속성이 전염된다고 믿는 것.

왕릉 위에서의 저주로 지난해 2월에 상궁 한정이가 무당을 시켜 능침에 가서 경문을 외게 하였으니 김응벽도 같이 가서 저주하였고, 오곡밥 세 그릇을 썼다. 연이가 가래를 가지고 밤중에 나가서 고양이를 묻었으니 깊이가 한 자 남짓이었다. … 최 상궁이 고양이와 큰 수탉을 사고 서비를 시켜 해가 뜰 때 진주와 부적을 먹인 뒤 고양이에게로 몰아서 죽였고, 또한 나인 환이가 금빛 고양이의 눈에 바늘을 찌르고 굴뚝에 넣었다.

_《광해군일기》 1615년 2월 18일

사실 김응벽의 자백 내용은 진술이 오락가락하는데다, 그 안에 나오는 인물이 실제로는 존재하지 않는 경우마저 있었다. 그럼에도 괴력난신에 집착하던 광해군은 급히 목릉(선조의 무덤)과 성릉(광해군 생모의 무덤)을 파서 죽은 고양이를 꺼내라고 독촉했지만, 아무리 무덤을 파고들어가도 고양이는 흔적조차 없고 김응벽의 자백이 거짓이라는 사실만 드러나고 말았다. 거짓말에 속아 신성한 왕릉을 자기 손으로 훼손해버린 신하들은 일제히 경악을 금치 못했다.

목릉

고양이 저주 사건으로 인해 선조는 죽은 뒤에도
무덤이 파헤쳐지는 수모를 겪었다.

김웅벽을 끌고 성릉으로 가려는데, 일행 중 누군가 성릉이 어느 쪽인지 묻자 김웅벽이 "제가 어찌 성릉을 모르겠습니까. 사현沙峴을 넘어 창릉昌陵을 지나가면 됩니다"라고 하였다. … 일동 놀라고 분개하지 않는 사람이 없으며, 그 말이 거짓이고 실체가 없음을 더욱 분명히 알게 되었다. 그는 성릉의 이름만 들었지 실제로는 어디 있는지도 몰랐던 것이다. 일행이 김웅벽에게 "목릉에 대한 너의 말은 이미 거짓으로 드러났고, 성릉은 동쪽에 있거늘 사현을 넘어 서쪽으로 간다고 했으니 이것은 더욱 허탄한 것이다. 이것이 무슨 뜻이냐?"라고 하자, 김웅벽이 머리를 숙이고 가슴을 치며 말하길 "경각에 달린 목숨을 이어 보려 한 것에 불과하니 이제 죽기로 작정했습니다"라고 하였다. 이로부터 미음을 마시지 않고 헐떡헐떡 숨이 끊어지려 하니, 김웅벽을 맞들고 성릉의 동구에 도착해 내려놓자마자 죽어버렸다.

_이정구,《월사집》〈무오문견록〉

다만 김웅벽의 자백이 거짓이라 하더라도, 고양이 저주 자체는 실제로 민간에 떠돌던 것으로 보인다. 고양이의 뼈를 묻어 사람을 저주하는 방법이 실제로 옛 기록에 등장하고, 광해군을 몰아내고 들어선 인조 정권에서도 고양이가 저주에 쓰인 일이 있었기 때문이다.

인조 10년(1632) 10월 23일, 왕이 머무르던 경희궁에서 저주에 쓰인 물건이 나와 조정이 발칵 뒤집히는 사건이 일어났다. 사건을 수사하는 과정에서 후궁으로 있던 귀희가 범인으로 지목되었고, 귀희의 여종 덕개가 진술한 바에 따르면 귀희는 궁녀 애단을 시켜서 흰 고양이 머리를 소주방에 두었다고 한다.

죄인 덕개에게 다짐을 받기 위해 두 차례 형문하고 곤장 아홉 대를 치니 바른대로 말하였다.
"애단이 등 밝히는 일로 관왕묘에 나아갈 때, 매번 귀희와 모의했다는 것은 황당한 듯합니다. 지난해 8월, 해 밝을 때에 애단의 오라비인 이씨 남자가 흰 고양이 머리를 애단에게 구해줘서 소주방에 둔 것을 직접 봤습니다. 또 한번은 뭐가 들었는지 모르겠으나 애단이 한 자 길이가 못 되는 것을 싸 가지고 와서 상전에게 주고 서로 말할 때 직접 봤지만, 사람을 물렸기

에 그 말은 듣지 못했고 고양이 머리와 싼 물건은 자주 봤습
니다."

_《승정원일기》 1632년 11월 9일

　마침내 덕개는 참수에 처해지고, 귀희는 사약을 받고, 애
단은 곤장을 맞다 사망하는 것으로 궁궐을 떠들썩하게 만든
저주 사건이 종결되었다. 그러나 귀희와 애단은 자신의 혐
의를 끝내 인정하지 않았고, 덕개의 진술 가운데 다른 저주
의 증거물은 발견되지 않았다. 오직 '흰 고양이 머리'만이 이
사건에서 존재가 입증된 물증이다. 추가로 의문 한 가지, 애
단은 왜 고양이 머리를 소주방에 두었을까? 누군가를 저주
한다면 매개물을 대상 가까이에 감춰 두기 마련인데 음식을
조리하는 소주방은 그러기에 적합한 장소가 아니다. 혹시
애단이 두었던 고양이 머리는 오히려 소주방의 음식에 꼬이
는 쥐를 쫓기 위한 목적이 아니었을까? 하지만 긴 시간이 흐
른 지금은 그저 막연한 상상만이 가능할 따름이다.

고양이가 넘으면
시 체 가
벌 떡 !

고양이와 관련된 미신은 반드시 사람에게 해를 끼치지 않더라도 다양한 형태로 존재하고 있었다. 그 가운데 가장 두드러진 것이 바로 '고양이가 망자의 시신을 넘어가면 시신이 벌떡 일어난다'는 믿음이다. 이는 죽은 사람이 온전히 되살아난다는 뜻이 아니라 일종의 좀비와 같은 개념이었다. 딱히 사람을 해치지 않는다는 점만 제외하면, 넷플릭스 드라마 〈킹덤〉에 등장하는 '조선시대 좀비'의 원조인 셈이다. 물론 이것은 자연의 순리를 거스르는 기괴한 일이었기 때문에 사람들은 고양이가 상갓집에 들어오는 것을 막기 위한 대책을 세워야 했다.

고양이가 죽은 사람이 누워 있는 곳의 지붕 위를 가로지르면 죽은 사람이 일어난다. 이때 손으로 죽은 사람의 오른쪽 뺨을 때리면 바로 쓰러진다. 이 미신을 사람들은 깊이 믿고 있다. 조선인에게 그런 일은 미신이라고 반박하면 크게 다투게 된다.

_ 나라키 스에자네,《조선의 미신과 풍속》

옛날부터 사람이 죽으면 우선 굴뚝 구멍부터 막는데, 이는 굴뚝으로 고양이가 들어가면 방에 있는 시체가 고양이가 하는 것과 똑같이 행동하기 때문이다. 고양이가 앉으면 앉고, 걸어 다니면 걸어 다니고, 앞발로 방바닥을 톡톡 두드리면 시체도 똑같이 방바닥을 톡톡 두드린다. 그렇기 때문에 사람이 죽으면 고양이가 들어오지 못하도록 굴뚝에 뚜껑을 만들어 불을 땔 때만 열어 놓고, 그렇지 않을 때는 반드시 닫아 둔다고 한다. (남원)

_《한국구비문학대계》 "상갓집에서 고양이를 없애는 유래"(장진근 제보)

이 기이한 믿음의 유래에 대해서는 몇 가지 가능성을 상정할 수 있다. 먼저 고양이를 호랑이(범)와 동일시하는 관점이다. '자라 보고 놀란 가슴 솥뚜껑 보고 놀란다'는 옛말처럼, 죽은 사람이 고양이를 감지하면 호랑이인 줄 알고 놀라 일어난다는 것이다. 조선은 호담국虎談國이라는 말이 있을 정도로 호랑이와 연관된 이야기가 많았고, 호랑이는 신령스러운 자연의 주인으로 강한 신력과 위엄을 지니고 있었다. 또한 생김새가 비슷한 호랑이와 고양이를 비슷한 동물로 묶어 봤던 옛사람들의 사고방식은 호랑이의 힘을 고양이에게 이전시키는 결과를 낳았다. 그렇게 고양이는 삶과 죽음의 영역을 넘어서는 동물로 격상되었다.

또 다른 가능성은 고양이와 쥐의 관계에 비춰 바라보는 것이다. 이 경우에 쥐라는 동물은 재산을 갉아먹는 생물을 뛰어넘어 목숨을 갉아먹는 죽음의 상징이 되고, 고양이는 죽음을 쫓아낼 수 있는 힘을 가지게 되는 셈이다. 하지만 이미 죽음에 다다른 상황에서 죽지도 살지도 않은 불완전한 상태로 되돌리는 일은 정상적인 섭리가 아니었다. 따라서 사람들은 고양이가 망자의 안식을 방해하지 못하게 하려고 노력했다. 19세기에 '쥐 귀신'(콜레라)이 전국을 초토화하는 사태와 맞물린 뒤에는 더욱더 진지하고 심각한 태도로 임했다.

다른 미신도 대체로 쥐와 고양이의 관계에 기반을 두고 있었다. 쥐 하면 가장 먼저 떠오르는 단어가 바로 '도둑'이라는 말일 것이다. 조선 후기의 백과사전 《오주연문장전산고》에는 고양이를 쪄서 도둑을 저주한다는 속설이 기록되어 있는데, 아마도 귀신이 된 고양이가 쥐로 비유되는 도둑에게 붙어서 괴롭히길 바란 듯하다. 여기서 "고양이를 찐다[蒸猫]"는 문구가 고양이를 산 채로 가마솥에 넣어서 죽인다는 뜻인지, 아니면 죽은 고양이의 시체를 구해다가 찐다는 뜻인지는 알 수 없다. 하지만 전자라면 고양이 귀신이 도둑보다 자신을 해코지한 사람에게 먼저 달라붙지 않았을까?

이외에도 '고양이가 귀를 넘겨서 낯을 씻으면 손님이 온다'는 믿음이 있었다. 이것은 중국 당나라 시대의 이야기책 《유양잡조》에 처음으로 나오는 말이지만, 한국에서도 고양이에 대한 각종 기록에서 반드시 따라 나올 만큼 대중적인 속설이자 길조吉兆였다. 재미있는 것은 유럽에 '고양이가 세

세수하는 고양이

수할 때 앞발로 귀 뒤를 문지르면 비가 온다'는 미신이 있다는 점이다. 하지만 중국인·한국인과 달리, 유럽인에게 세수하는 고양이를 보는 것은 재수 없는 일이자 흉조凶兆였다.

동양과 서양을 가리지 않고 고양이에 관한 미신이 존재하는 이유에 대해서는 미신의 종류만큼이나 다양한 설명이 제시되고 있다. 대표적인 견해 가운데 하나가 고양이의 독립심에서 원인을 찾는 것이다. 인간의 주위에 살지만 '길들여지지 않는다'는 점 때문에 고양이는 대개 충성스러운 개나 순종적인 여러 가축과 대비되는 동물로 간주되었다. 더욱이 평소에는 야음을 틈타 은밀히 움직이다가 어떤 날은 시끄럽게 난리 법석을 피우며 존재감을 과시하고, 사람을 위해 쥐를 잡다가도 소름 끼치는 소리로 잠을 설치게 하는 고양이는 참으로 변덕스럽고 이해할 수 없는 동물이었다. 갖다 붙이기 좋아하는 인간은 고양이의 불가해한 측면에도 무엇인가 의미를 부여하기 위해 노력했고, 이 때문에 고양이는 구구한 억측과 과장으로 둘러싸이게 된 것이다.

고이 재상과
아옹 대감

우리는 사람의 인상을 '고양이상'과 '강아지상'으로 나눠 부르고는 한다. 일반적으로 친근하고 사교적인 인상은 강아지에, 도도하고 자립적인 인상은 고양이에 빗대 부르는 식이다. 이러한 대비는 "개는 우리를 올려다보고, 고양이는 우리를 내려다본다"는 윈스턴 처칠의 말에서도 찾아볼 수 있다.

그런데 과거 동아시아에서는 누군가를 고양이에 빗대는 말이 그다지 긍정적인 뜻이 아니었다. 고양이를 쥐 잡는 동물로 보는 관점을 바탕으로, 권력자에게 빌붙어서 다른 누군가를 해치는 사람이라는 의미를 부여했기 때문이다. 중국에서 측천무후의 신임을 받은 이의부李義府가 모략을 잘 꾸

민다는 이유로 이묘李猫라 불린 것이 대표적이다.

한국에서는 고려 후기의 재상이었던 유청신柳淸臣이 여기에 속한다. 유청신의 가문은 '고양이 부곡'이라는 뜻을 지닌 고이부곡高伊部曲의 향리였는데, 고려에서 부곡 사람들은 관직에 나가도 중간직인 5품 이상 올라갈 수 없었다. 하지만 고려가 원나라의 간섭을 받던 시기에 그는 몽골어를 배워서 쿠빌라이 칸의 신임을 얻었고, 이에 힘입어 파격적으로 재상의 자리까지 올랐다. 유청신의 신분 상승 덕분에 고이부곡도 고흥현高興縣으로 승격되었다.

그러나 유청신의 말로는 좋지 않았다. 고려에서는 언제부턴가 "고양이 부곡 사람이 조정에 벼슬하면 나라가 망한다"는 참언이 떠돌았다. 이것은 다름 아닌 유청신을 저격하는 말이었다. 그만큼 유청신을 바라보는 사람들의 시선이 곱지 않았던 것이다. 사람들의 질시 속에서 자신을 지켜 주던 충선왕마저 권력을 잃고 티베트로 유배되자, 정치적으로 살아남을 길을 찾던 유청신은 급기야 고려의 독립성을 부정하고 나라를 원나라의 직할 영토로 삼기를 청원하는 입성책동立省策動을 벌이기에 이르렀다. 다행히 유청신의 청원은 원나라와 고려 모두의 반발을 사 무산되었고, 이 일로 매국노의 낙인이 찍힌 그는 감히 고려로 돌아오지 못한 채 원나라에 머물다가 생을 마감했다.

그 다음으로 고양이라 불린 사람은 고려 말의 권신인 이인임李仁任이다. 여러 드라마를 통해 묘사된 것처럼 공민왕 사후 이인임은 옥사를 거듭해 반대파를 제거하며 거침없이 정권을 장악해 갔고, 이후 부정부패를 일삼는 권문세족을 비호하면서 널리 지탄받는 존재가 되었다. 정치적 음모로 얼룩진 족적 때문에 그는 한 시대를 주름잡는 실권자이면서도 간교하고 음험하다는 인상을 벗지 못했고, 앞서 언급된 이의부에 비견되어 이묘李猫라는 경멸적인 칭호를 얻게 되었다.

처음에 이인임이 공민왕의 뜻을 받들어 영전影殿(임금이나 왕비의 초상화를 모신 전각) 건축을 찬성하였으나, 왕이 죽고 후사가 없자 우왕을 옹립하고 나라의 모든 권력을 장악하였다. 자신의 당파를 심기 위해서 회유하고 아첨하는 데 힘쓰고 남들의 환심을 사니, 문객이 뜰에 가득하고 저마다 자신이 가장 후대받는다고 여겼다. 충성스럽고 어진 사람은 모함하면서

무고한 사람을 살육했기에 당시 사람들이 그를 이묘李猫에
견주었다.

_《고려사》〈열전〉

조선 중기의 김안로金安老도 이와 비슷한 인물이었다. 기
묘사화로 조광조가 몰락하고 그 자리를 대신하던 남곤이 죽
자, 다음으로 정권을 잡은 사람이 바로 중종과 사돈을 맺은
김안로였다. 그는 기묘사화로 타격을 받은 사림파의 공분을
등에 업고 무자비하게 정적을 제거하면서 정권을 거머쥐었
고, 권력을 장악하고 난 뒤에는 사리사욕을 채우면서 자신
에 대한 도전을 용납하지 않았다. 그제야 사림파는 김안로
의 본색을 알아차렸지만 때늦은 후회였다. 이에《중종실록》
의 사관은 누군가 다음과 같은 이야기를 지어서 이 정국을
풍자했다고 기록한다.

옛날에 늙은 고양이가 있었는데, 발톱과 이빨이 모두 못 쓰
게 되어서 쥐 잡는 재주가 다했다. 쥐 잡을 방도가 없자 귓
속의 털 없는 부분을 뒤집어 머리에 덮어쓰고 다니며 외치

길 "나는 이제 자비심을 발하여 삭발하고 중이 되었다. 어떻게 부처님을 모시고 함께 정진하는 공부를 지어 가지 않겠는가"라고 하였다. 쥐들은 여전히 두려워서 감히 밖으로 나오지 못하다가, 삭발한 모습을 엿보고 완전히 그 말을 믿게 되어 나와서 맞이하고 늙은 고양이를 받들어 모시며 묘수좌猫首座라 하였다.

수좌는 상석에 앉았으며 쥐들은 크고 작은 차례대로 서서 법석法席의 모임을 갖게 되었다. 한 바퀴 돌 즈음, 수좌는 작은 쥐들이 입가를 지나고 앞선 행렬이 불상 뒤쪽 보이지 않는 곳에 다다르면 재빨리 잡아 삼켰다. 이로써 무리가 날로 줄어들자 누군가는 수좌의 소행이라고 의심하게 되었는데, 현혹되어 믿는 자들은 성을 내면서까지 그렇지 않다고 주장했다. 그러다가 수좌의 똥 속에 쥐의 터럭이 있는 것을 발견하고 그제야 늙은 고양이의 술수에 빠졌다는 것을 알게 되었다.

_《중종실록》1534년 7월 22일

다음으로 주목할 만한 사람은 선조 시절에 동인의 중진이었던 이산해李山海다. 임진왜란 전야에 이산해는 서인의 정

철鄭澈과 대립하면서 기축옥사*로 치열해진 당쟁의 구심점
이 되었다. 떠돌던 이야기에 따르면 두 사람은 본래 사이가
좋았지만, 정철이 이산해를 고양이에 빗대어 조롱한 일로
감정이 틀어지게 되었다고 한다. 당시 이산해는 아계鵝溪라
는 자신의 호에 종종 늙은이 옹翁을 붙여 아옹鵝翁이라 썼는
데, 정철이 이를 보고 고양이 소리라며 놀린 것이다. 그러고
보면 고양이 소리가 '야옹'이라고 들리는 것은 당시나 지금
이나 같았던 모양이다.

　　이산해가 송강(정철의 호)에게 유감을 가진 또 한 가지 일이
　　있었다. 이때 연회가 있어 만조백관이 모두 참석하였는데, 이
　　산해만 일이 있어서 가지 못하고 시를 지어 보내면서 날짜 밑
　　에 이름은 쓰지 않고 아옹鵝翁이라고만 썼다. 송강이 이것을
　　보고는 "이 대감이 오늘 참으로 자기 소리를 내었다"라고 하
　　였으니 이산해가 이를 듣고 깊이 유감을 가졌다고 한다.
　　_ 권상하,《한수재집》〈황강문답〉

---

*　　정여립을 비롯한 동인의 인물들이 모반 혐의로 박해를 받은 사건.

다만 이 일화는 송시열의 제자인 권상하가 구술한 것으로 서인의 관점에서 이야기하는 것이기 때문에 받아들이는 데 주의가 필요하다. 이산해의 문집 《아계유고》에는 정철이 이 산해에게 사윗감을 의논하자 이산해가 오윤겸을 추천했는데, 정철은 오윤겸의 병약한 모습을 보고 토라져서 "자기는 이덕형 같은 사위를 얻어 놓고 내게는 약해 빠진 서생을 추천하다니, 나는 그와 절교하겠다"라고 말했다는 이야기가 있기 때문이다. 다른 한편 실록에는 정철이 사귀는 사람들을 이산해가 배척하며 사이가 틀어졌다는 김우옹의 언급이 있어서 둘 사이의 갈등은 '아옹 대감' 사건만이 아니라 다양한 원인이 종합적으로 얽혀 시작되었음을 알 수 있다.

거침없는 풍류객 기질을 가진 정철과 조심스러운 수완가 기질을 지닌 이산해는 성격 차이 때문에 점차 사이가 멀어지게 되었고, '아옹 대감' 사건은 그 과정의 일부였을 가능성이 적지 않다. 말하자면 '고양잇과' 이산해와 '개과' 정철의 갈등이 조선 당쟁사의 첫 장면을 차지하고 있는 셈이다.

성종 25년(1494)에 웃지 못할 사건이 일어났다. 지방에서 공납품으로 올라온 삵 가죽 사이에 고양이 가죽이 섞여 있었던 것이다. 삵의 가죽은 선사시대 인류의 사치품이었고 조선시대 공납품 목록에 들어갈 만큼 가치 있는 물건이었으나, 고양이 가죽은 그렇지 않았다. 1295년에 고려가 몽골에 바친 물건 가운데 노란색 고양이 가죽[黃猫皮]이 등장하지만 이것은 일회적인 사건이었을 뿐이다.

서로 비슷한 동물인 삵과 고양이의 가죽이 이토록 가치가 다르다 보니, 지금으로 따지면 '조기'를 '굴비'로 둔갑시켜 파는 식의 사기가 당시에도 있었던 모양이다. 사건을 보고받은 성종도 어처구니가 없었는지 공납품의 검수를 맡은 실무관들을 모조리 의금부로 보내 문초하라고 지시했다. 그러나 가죽마다 바친 사람의 이름표가 달린 것도 아니었기에, 결국 이 사건은 누구의 짓인지 규명되지 않은 채 적당한 선에서 마무리되었다.

> 임금이 말했다.
> "관리가 고양이 가죽인 줄 알면서도 바쳤다면 외람됨이 심한 것이다. 그러나 갇힌 사람이 많은데다 날씨까지 추우니, 사건을 덮도록 하라."
> _《성종실록》1494년 1월 9일

이렇게 끝난 고양이 가죽 소동과 달리, 풍수지리의 측면에서 고양이가 부여받은 역할은 그들의 가치가 죽어서 가죽을 남기는 것이 아니라 살아서 재산을 지키는 데 있었다는 것을 보여준다. 한 예로 고려의 궁궐이었던 개성의 만월대는 풍수지리적으로 송악산의 정기를 받는 명당이지만, 늙은 쥐가 밭으로 내려와 곡식을 갉아먹는 노서하전老鼠下田의 형국이라는 문제가 있었다고 한다.

〈파주 용미리 마애이불입상〉

천연 암벽을 활용해 조각된 불상으로,
높이가 17.4m에 이른다.(보물 제93호)

이 때문에 순조 때 간행된 《송도속지》에는 고려가 세워지기 전에 도선국사가 궁궐 앞산에 돌고양이[石猫]를 만들어 좌정시키고, 다시 돌고양이를 견제하기 위해 돌개[石犬]를 맞은편 산에 좌정시키는 식으로 만월대의 풍수지리를 인공적으로 보완했다는 전설이 실려 있다.

조선 후기에는 이런 종류의 전설이 광범위하게 퍼져 있었는지, 1888년 조선에서 포교 활동을 하던 선교사 제임스 S. 게일 James S. Gale도 임진강으로 가던 중 남쪽을 바라보고 서 있는 거대한 〈파주 용미리 마애이불입상〉을 발견하고 여기에 얽힌 전설을 적어 두었다.

그에 따르면 풍수지리적 관점에서 개성은 쥐에 해당하고 한양은 고양이에 해당하기 때문에 고려 말의 한 임금이 개성과 한양 사이에 이 거대한 불상을 만들어 한양(고양이)을 억누르고 개성(쥐)을 지키는 수호자로 삼았다고 한다. 현실의 고양이들이 번번이 나라를 발칵 뒤집어 놓은 것처럼, 사람들의 상상 속에서 고양이는 한 왕조를 흥하게도, 망하게도 할 수 있는 무시못할 동물이었던 것이다.

고양이에
대한
관찰과 상상

떠돌던 고양이 한 마리가 밖에서 들어왔다.

천성이 도둑질을 잘하고, 쥐가 적어서 배부르게

잡아먹지도 못하니 단속을 조금만 소홀히 하면 상에

차려 둔 음식까지도 훔쳐 먹었다. 사람들이 모두

미워하면서 없애려 하자, 또 도망치길 잘하여 얼마 뒤

다른 집으로 들어갔다.

그 집 식구들은 본래부터 고양이를 사랑하여, 먹을

것을 많이 줘서 배고프지 않게 하였다. 쥐도 많아

사냥을 잘 하여 배부르게 잡아먹을 수 있었다.

마침내 다시는 도둑질을 하지 않았고, 이에 좋은

동물[良畜]이라는 칭찬을 받게 되었다.

나는 이것을 듣고 탄식하길 "이 짐승은 분명 가난한

집에서 기르던 동물이다. 먹을 것이 없으므로
부득이하게 도둑질을 하고, 도둑질을 하자 쫓겨났다.
우리 집에 이르렀지만, 그 본질을 모르고 다시
도둑고양이로 대하였으니 그 형편이 도둑질을 하지
않으면 살아갈 수 없었다. 사냥에 뛰어난 재주가
있다고 해도 누가 그것을 알았겠는가? 그 주인을
만난 연후에야 착한 본성이 나타나고 좋은 재주도
쓰이게 되었다. 만일 도둑질할 때 잡아죽였다면, 어찌
애석하지 않았겠는가!" 하였다.
오호라! 사람도 때를 만나고 만나지 못하는 자가
있는데, 동물 역시 그러하구나!

_ 이익,《성호사설》〈만물문〉

고양이 눈 속에
담   긴
세   상

거듭된 전란으로 사회 불안이 고조되고 미신과 주술이 난무하던 17세기는 역설적으로 세계에 대한 과학적 탐구의 기점이기도 했다. 조선에서는 박학다식을 추구하는 풍조가 생겨나 지식의 종합과 실증이 활발히 이루어졌고, 그 결과 지금의 백과사전에 해당하는 다양한 유서類書가 편찬되어 선비들 사이에 널리 보급되었다. 탐구의 대상은 고양이도 예외가 아니었다. 조선시대 유서의 효시라고 할 수 있는 이수광李睟光의 《지봉유설》에는 고양이가 다음과 같이 기록되어 있다.

우리 집에 고양이가 있다가 새끼를 배었다. 마침 우리 집이 이사하자 고양이도 새끼를 데리고 떠났는데, 어디로 갔는지 알 수 없었다. 몇 달이 지나 돌아오자 고양이도 이날 돌아왔으니, 누가 기르는 짐승이 아무것도 모른다고 하겠는가?

《유양잡조》에 이르길 "고양이의 눈동자는 아침과 낮에 둥글고, 한낮에는 실처럼 가늘어진다. 코는 항상 차갑다가 하지 때 하루만 따뜻해진다[*]라고 하였다. 속언에 고양이의 세수가 귀를 넘어가면 손님이 온다고 하는데, 그 이야기 역시 오래되었다. 지금은 고양이 눈으로 시간을 정하는 법이 있다.

고양이는 동물을 해치는 짐승이다. 그런데 내가 연경(베이징의 옛 이름)에 갔을 때 남이 집에서 기르는 고양이를 봤는데, 모두 꼬리를 잘랐고 성질이 온순해서 병아리와 함께 살아도 해치려는 뜻이 없었다. 들자니 정월 첫 인일寅日(호랑이날)에

[*] 《유양잡조》의 이 문장은 판본에 따라 조금씩 다르다. 현존하는 《유양잡조》 판본에는 '저녁에 둥글다[暮圓]'고만 나오는데, 송나라 때의 《태평광기》에는 '아침저녁으로 둥글다[旦暮圓]'로 인용되어 있고 《지봉유설》에는 '아침과 낮에 둥글다'로 인용되어 있다. 문장을 잘못 옮겨 적은 데서 연유한 차이지만 원문을 존중해 그대로 살렸다.

꼬리를 잘라 성질이 이처럼 온순하다지만 믿을 만한지는 잘 모르겠다.

《사문옥설》에 이르길, "고양이는 중국 종자가 아니라 서방에 있는 천축국(인도)에서 난 것이다. 쥐가 갉아먹어 불경이 훼손되자 승려들이 고양이를 길렀다. 당나라 삼장법사가 서방으로 가 경전을 얻으면서 데리고 돌아왔는데, 이로부터 종자가 퍼졌다"라고 한다.

내 생각을 적는다. 〈교특생〉에 이르길, "고양이를 맞아 밭쥐를 잡아먹게 했다"라고 하였고 공자가 금琴을 타면서 고양이가 방금 쥐 잡는 걸 봤다고 하였으니, 고양이라는 명칭[猫之名]은 오래된 듯하다. 삼장법사는 당 태종 시절의 승려이니 그 이야기는 거짓일 것이다.

_ 이수광,《지봉유설》〈금충부〉

이 글에서 이수광은 우선 자신이 실제로 관찰한 내용을 제시함으로써 고양이가 영리한 짐승이라는 것을 실증하고, 이어서《유양잡조》와 세간의 속언을 종합해 고양이에 대한 이해의 범주를 확장시킨다. 다음으로 자신이 목격하고 증언까지 들었지만 의심스러운 이야기를 유보적인 태도로 적었으며, 끝으로 기존의 정보가 왜 오류인지 논증했다. 단순히 흩어진 지식을 끌어모으는 데서 나아가 사실을 검증하고 신뢰성이 높은 순서대로 정리한 것이다.

이로부터 약 65년 후, 성호星湖 이익李瀷은 이수광의 연구 방식을 이어받아 고양이에 대한 지식을 한층 더 심화시켰다. 고양이의 코가 하지에 따뜻해진다는 기록을 그대로 실은 이수광과 달리, 직접 관찰을 통해 이 기록이 사실이 아님을 검증한 것이 대표적이다. 또한 그는 밤에 고양이의 털에서 정전기가 일어나는 모습을 본 경험을 토대로 고양이가 추운 지방에서 건너온 차가운 성질의 짐승이라는 당시의 상식에 의문을 제기했다.

어둠 속에서 그 털을 만지면 이따금 불빛이 밝게 생기며 털이 타는 소리가 나고, 털끝이 모두 꼬부라지게 된다. 사람들이 그 가죽을 모아서 갖옷을 만드는데 아주 따뜻하고 가래가 엉기는 병[痰結]도 물리칠 수 있으니 어찌 차가운 기운이 있다고 하겠는가? 그런데 《본초강목》에서는 "고양이 고기는 성질이 조금 차가워서 겉은 뜨겁고 속은 차갑다"라고 했으니 이상하다고 하겠다.

_이익, 《성호사설》〈만물문〉

기존의 자료를 종합하고 비판하는 측면에서는 고양이[猫]라는 단어에 대한 고증이 주목할 만하다. 앞서 이수광은 고대의 문헌에 고양이가 나온다는 것을 근거로 고양이가 당나라 때 들어온 외래종이라는 주장을 반박했지만, 이익은 이 문헌에 나오는 '고양이'가 과연 우리가 아는 그 동물이 맞는지 한 번 더 의문을 제기했다.

고대 중국의 유교 경전 《이아》에서는 고양이 묘猫 자를 두고 "범으로 털 고운 것이 잔묘[虎竊毛虦猫]"라고 풀이했는데, 이 기록으로 미루어 "묘猫와 호虎는 따로 두 짐승이고 집고양이와는 다르다"라는 것이 이익이 내린 결론이었다. 단순히 묘라는 글자가 있다고 해서 고양이의 존재가 입증되는 것은 아니라는 뜻이다. 그의 주장은 고대 중국에서 묘가 고양이가 아닌 살쾡이를 가리키는 글자였다는 고고학적 증거와도 일치한다.

고양이의 눈동자

주위가 밝은 상황에서 고양이의 눈동자는
좌우가 수축되어 세로로 변한다.

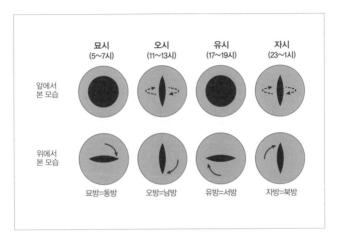

	묘시 (5~7시)	오시 (11~13시)	유시 (17~19시)	자시 (23~1시)
앞에서 본 모습				
위에서 본 모습				
	묘방=동방	오방=남방	유방=서방	자방=북방

이익이 생각한 고양이 눈의 구조

과학적 사실과는 거리가 멀지만, 해부학·생리학이 충분히 발전하지
않았던 17세기에는 이보다 정교한 논리가 전개되기 어려웠다.

하지만 이익의 탐구가 언제나 관찰과 비판에 입각한 것은
아니었다. 이익은 고양이의 눈동자가 묘시卯時(5~7시)와 유
시酉時(17~19시)에 둥글어지고, 오시午時(11~13시)와 자시子
時(23~1시)에 가늘어진다고 기록했다. 그러나 고양이의 동
공은 낮이 되면 감지하는 빛을 조절하기 위해 작아지고, 밤

이 되면 최대한 많은 빛을 감지하기 위해 커진다. 따라서 깊은 밤인 자시는 고양이의 눈동자가 가늘어지는 게 아니라 오히려 가장 커지는 시간이 되어야 한다.

이익이 그답지 않게 사실과 다른 이야기를 적은 건 밤중에 고양이의 눈을 관찰하기 어려운 현실적인 문제 때문이었을 것이다. 만일 밤에 고양이를 관찰하더라도 주위에 등불을 켜 두었을 테고, 따라서 고양이의 눈동자는 일정한 모습으로 나타나지 않았으리라. 이른바 변인통제에 실패한 것이다. 이러한 제약이 존재하는 가운데 왜 시간에 따라 고양이의 눈이 달라지는지 질문한다면, 이익이 제시할 수 있는 최선의 대답은 전통적으로 동아시아에 뿌리박혀 있던 관념적인 세계관 속에서 찾아야 했다.

고양이 눈동자는 살구씨 모습으로 시간에 따라 빙빙 도는 듯하다. 자오子午는 세로로 남북南北에 해당하기에 그 한쪽 모서리만 드러나는 것이다. 묘유卯酉는 가로로 동서東西에 상응하기에 그 둥근 전체가 보이는 것이다. 그 사이에 대추씨처럼 되었다가 살구씨처럼 되기도 하는 것은 모두 앞에서 비스

듬히 보이기에 그 모습이 되는 것이다.

_ 이익,《성호사설》〈만물문〉

　정리하면 이익이 생각하는 고양이의 눈은 투명한 유리구슬 안에서 동전이 돌아가는 모습과 같았다. 동전은 수직축이 고정된 채 360도 회전하는데, 낮에는 동전의 옆면이 나타나 눈동자가 가늘게 되고 아침저녁으로는 동전의 앞뒷면이 나타나 눈동자가 둥글어진다.

　이 가설에 따르면 밤에는 다시 동전의 옆면이 나타나 눈동자가 가늘게 되는 것이 이치에 맞았다. 그의 추론은 비록 과학적 사실과는 거리가 멀었지만, 십이지에 시간과 방위를 대응시키는 당대의 상식에 발을 딛고 있었다. 이익은 동시대인들이 생각하던 질서 있는 하나의 세계관을 고양이의 눈동자에 투영해 바라봤던 것이다.

캣닙을 사용한
조선 한의학

허브의 일종인 개박하는 오늘날 캣닙Catnip이라는 말로 더 익숙한 풀이다. 이 단어를 우리말로 풀이하면 '고양이의 술*'이라는 뜻이 되는데 실제로 고양이는 개박하에 술 취한 듯한 반응을 보이는 것으로 잘 알려져 있다. 그 냄새를 맡은 고양이는 먼저 정신없이 씹고 비비다가, 이내 환각을 보는 것처럼 몽롱해진 채 뒹굴거리고, 때로는 이유 없이 놀라 뛰어오르거나 침을 질질 흘리기도 한다. 이 같은 독특한 반응

---

* 닙nip에는 '소량의 술'이라는 의미가 있고, 동사로 쓰일 때는 '홀짝홀짝 마시다'라는 뜻이 된다.

은 고양이에 따라 차이가 있기는 하지만 조사에 따르면 다자란 고양이 가운데 3분의 2가량이 비슷한 모습을 보인다고 한다.

고양이가 이런 반응을 보이는 원인은 개박하 잎이 분비하는 네페탈락톤Nepetalactone이라는 물질에 있다. 이 물질이 고양이의 후각 신경을 자극해 두뇌에 기분 좋은 환각을 일으키는 것이다. 그러나 이는 길어도 10분 이상 유지되지 않고, 이후 30분 동안은 고양이가 개박하에 무감각하게 된다. 네페탈락톤은 어떠한 중독성이나 유해성도 보이지 않기 때문에 오늘날 개박하는 고양이들의 기분 전환을 위한 다양한 장난감에 활용되고 있다.

'마따따비'라 불리는 개다래나무 역시 개박하와 같은 반응을 일으키는 것으로 알려진 식물인데, 여기서는 네페탈락톤의 역할을 액티니딘Actinidain이라는 물질이 한다. 덕분에 개박하에 반응하지 않는 고양이도 개다래나무에는 반응을 보일 수 있다.

흥미로운 점은 동아시아 사람들이 이미 오래전부터 개박하의 효과를 알고 있었다는 사실이다. 1100년경, 송나라

개박하 잎과 마따따비 줄기

의 한자사전인《비아》에서 처음으로 "박하가 고양이를 취하게 한다"라는 말이 등장하고, 이 정보는 반세기 뒤에 일상생활의 각종 지식을 모은《분문쇄쇄록》에 다시 한 번 수록되었다. 조선 사람들도 이 책을 읽으면서 고양이의 특별한 개박하 사랑(?)을 알게 되었다. 조선 의학을 대표하는《동의보감》과 그보다 조금 앞서 편찬된《의림촬요》는 모두 이 책을 근거로 "고양이가 박하를 먹으면 취한다"라고 기록한다.

> 호랑이는 개를 먹으면 취하고, 고양이는 박하를 먹으면 취한다. (분문쇄쇄록)
> _양예수,《의림촬요》〈제법〉

더 나아가 조선 사람들은 주술과 과학이 뒤섞인 관점으로 고양이의 개박하 반응을 바라보고 사람을 치료하는 데 적용했다.《의림촬요》와《동의보감》은 물론이고, 더 이르게는《향약집성방》에서 늦게는《수세비결》까지 조선의 거의 모든 의서들이 한목소리로 고양이가 문 상처에 박하 즙을 바르거나, 박하 잎을 씹어서 붙이라는 처방을 제시한다. 사실

현대 의학에서 보면 2차 감염이 우려되는 민간요법이지만, 고양이가 박하를 먹고 취하는 모습을 본 옛사람들은 상처에 있는 고양이의 독성도 박하를 통해 무력화할 수 있으리라는 기대를 갖게 되었다.

> 고양이에게 물려 헌 데가 생기면 수컷 쥐의 똥을 태워서 기름과 섞어 바른다. 다른 방법으로 박하 즙을 바르는 것도 효과가 있다. (고양이가 박하를 먹으면 취하니, 그것을 가지고 서로 억제하는 것이다.)
>
> _이창우, 《수세비결》

고양이에게 물린 상처에 쥐똥을 태워 바르라는 처방 또한 상극인 두 짐승의 독성이 서로를 중화시킨다는 주술적 믿음이 반영된 것이었다. 이와 반대로 쥐에게 물린 상처에는 고양이 똥을 문지르거나 고양이의 수염이나 털을 태워 바르고, 고양이 머리를 태운 가루를 술에 타 마시라는 등의 처방이 제시되어 있다.

쥐에게 물린 독

설탕[沙糖]을 물에 개어 차갑게 복용한다. 다른 방법으로 고양이 똥을 물린 데에 문질러 준다. 다른 방법으로 고양이 털 또는 고양이 수염을 태운 재를 붙인다. 다른 방법으로 사향麝香을 침에 개어 붙인다. 또는 고양이 머리 하나를 태우고 가루 내어 매번 서 돈씩 따뜻한 술로 넘긴다. 참기름에 개어 붙여도 좋다.

_ 양예수,《의림촬요》〈제독교상문〉

  한의학에서 고양이는 다양한 쓸모가 있었다.《동의보감》은 고양이에 대해 "고기는 성질이 약간 차고, 맛은 달고 시다. 결핵[勞療]으로 뼈가 덥고 가래가 많을 때, 치루에 주로 쓴다"라고 적었다. 고양이 간을 말린 가루를 달마다 첫날 5경에 술에 타서 마시면 결핵균[療蟲]을 죽인다는 말도 보인다. 고양이가 결핵에 효과가 있다는 처방은 무슨 근거로 생겨났을까? 대체로 결핵 환자는 급격한 체중 감소가 일어나기 때문에 고단백 식품의 섭취가 요구되는데, 주위에서 고기를 구하기가 쉽지 않았던 당시로서는 고양이라도 닥치는 대로 잡아먹었고 그로써 상태가 호전된 데서 유래한 것이 아닐지 짐작할 따름이다.

이외에도 고양이의 태반은 식도 역류를 치료하고, 머리뼈는 가래와 숨차는 증상을 완화하는 한편 산모의 출산을 돕는다는 등 여러 기이한 처방이 있었다. 그중에서 가장 기묘한 것은 단연 고양이 오줌을 사용하는 치료법이다. 먹은 귀에 고양이의 오줌을 넣으면 그 귀가 낫는다고 믿은 것이다. 여기에는 오줌을 얻는 법도 적혀 있었는데, 그 방법이란 생강을 고양이의 이빨에 대고 비비는 것이었다. 안 그래도 매운 생강을 고양이의 주둥이에 문질렀으니 고양이에게는 고문이 따로 없었으리라.[*] 심지어 《광제비급》에는 극단적인 기록도 있다.

쥐의 독은 사람을 혼미하게 한다. 춥고 덥고 주리고 배부른 것도 모르고 시체가 걷는 듯하면, 고양이 침을 입에 부으면

[*] 다른 의서에는 생강 대신 마늘을 사용하거나, 이빨 대신 코에 문지르는 방식도 나타난다.

곧 효과가 있다. 늙은 고양이를 거꾸로 매달고 가는 회초리로 때려서 결국 기진하여 소리를 내지 못하게 되면 그릇으로 침을 받아 사용한다.

_이경화,《광제비급》〈제중〉

이처럼 고양이가 나오는 조선시대의 여러 치료법은 과학과 주술의 관점이 혼재되어 있었을 뿐 아니라 때로는 잔인한 동물 학대가 수반되었다. 일각에서는 창고의 쥐를 잡아주는 고양이에게 고마움을 느끼고 녀석을 아끼며 가정의 일원으로 받아들인 반면, 다른 일각에서는 약재로 사용하기 위해 끔찍하게 괴롭히고 죽였던 것이다. 그나마 고양이는 죽어서도 은혜와 원수를 갚는다는 믿음이 널리 퍼져 있었기 때문에, 유럽에서 약용을 넘어 미신이나 놀이 차원의 조직적인 학살까지 일어날 때 조선에서는 꼭 필요한 경우가 아니라면 함부로 고양이를 해치는 것이 금기시되었다.

인간의 세계,
고양이의
자 리

조선시대 사람들이 남긴 다양한 자료 가운데 지금의 수필
에 해당하는 '설說'은 고양이에 대한 선비들의 생각을 가장
직설적으로 말해 주는 기록이다. 《한국문집총간》에서는 고
양이를 소재로 한 16편의 설을 확인할 수 있는데, 실증적인
태도로 고양이를 관찰했던 이수광의 글도 포함되어 있다.

　이수광은 그 자신이 집사였지만 "고양이와 개 기르는 이
야기"라는 설을 통해 고양이가 제 본성과 멀어지게 키우는
사람들을 비판한다. 고양이를 아끼기만 한 나머지 버릇을
제대로 가르치지 않아, 고양이가 "밥과 고기를 훔쳐서 더욱
살찌고 왕왕 자리에 오물을 토해 내고 마당에 분뇨를 남기

는" 존재로 전락하는 상황을 개탄하는 것이다.

> 고양이의 본성은 쥐를 잘 잡고, 개의 본성은 짐승을 잘 쫓는
> 것이다. 어떤 사람이 이 동물들을 좋아하여 그 재주 여부는
> 가리지 않고, 오직 덩치가 크고 털이 풍성하며 길들이기 쉬운
> 것을 데려다 잘 먹이니, 몸집은 날로 더 커지고 털은 날로 더
> 풍성해져 보는 이들이 남다르다고 하였다. 그러나 정작 쥐를
> 잡게 시키면 보지 못한 것처럼 하고, 짐승을 쫓게 시키면 듣
> 지 못한 것처럼 하였다. 대개 그 욕구가 이미 채워졌을 뿐 아
> 니라, 살이 쪄서 민첩하지 못하기 때문이다.
> _ 이수광,《지봉집》"고양이와 개 기르는 이야기[畜猫狗說]"

이 글은 조선 전기의 애묘 문화가 점차 냉소적인 시선을
받게 되었음을 간접적으로 보여 주는데, 이 같은 인식의 변
화는 조선 중기에 이루어진 성리학의 심화와 관련되어 있다.
《동몽선습》의 첫 구절인 "천지 사이 만물 가운데 인간이
가장 귀하다"라는 말에서 알 수 있듯, 성리학이 강조하는 인
본사상은 인간과 동물 사이의 차별을 내포하고 있었다. 더

욱이 유교의 정명正名론은 군주에게 군주다움을, 신하에게 신하다움을 요구하는 것처럼 고양이에게도 고양이다운 모습을 요구했다. 자연스럽게 고양이는 인간의 밑으로 끌려들어와 자신의 자리를 지키도록 요구받기에 이르렀다. 이것이 그 시대 사람들의 '과학'이었다.

물론 그렇다고 해서 고양이가 일방적으로 인간에게 복종해야 하는 못난 짐승으로 여겨진 것은 아니다. 이수광은 인간의 지나친 애정과 간섭이 오히려 고양이가 자연으로부터 부여받은 천성과 덕목을 왜곡시키는 상황에 일침을 가했을 뿐이다. 나아가 만일 인간의 덕목인 인의예지仁義禮智에 부합되는 행동을 한다면, 고양이라고 하더라도 인간보다 못날 것이 없는 존재였다. 비록 그 또한 인간의 눈으로 바라보고 정한 가치와 기준이지만 말이다.

박인朴絪이 지은 "고양이를 꾸짖는 이야기"는 이러한 관점에서 고양이를 '교정'의 대상으로 간주한다. 쥐를 잡기 위해 키우던 고양이가 번번이 닭과 병아리를 해치자 그 버릇을 고치기 위해 매질을 하고 목줄까지 채워도 결국 고치지 못한 것을 한탄하는 내용인데, 물리적인 강압과 폭력을 동원하는 방식이 바람직한 일인지와 별개로 고양이를 가르쳐 바꿀 수 있다고 생각한 점은 뜻하는 바가 있다. 고양이는 '짐승이라 교육할 수가 없다'고 생각지 않고, 인간과 같이 섭리에 따라 행동할 수 있다고 봤기 때문이다. 고양이답지 않은 고양이를 향한 그의 꾸짖음은 인간답게 살지 않는 사람들에게도 일관적으로 적용된다.

> (일부 사람들이) 오행의 정수를 얻고 만물의 영장이 되어 도리어 짐승의 편벽됨으로 돌아간 것은 무슨 지경인가? 좀도둑질을 벌이고 남의 재산을 빼앗다가 차꼬와 수갑을 차게 되니, 이 서민은 고양이처럼 된 자이다. 관직에 있으며 탐오하여 백성의 재산을 빼앗고 차꼬와 수갑을 채우니, 이 대부가 고양이처럼 된 자이다. 온 세상에 보이는 것이 이 고양이와 같거늘, 어찌 이 고양이만 심하게 꾸짖을 수 있겠는가?
> _ 박인,《무민당집》"고양이를 꾸짖는 이야기[責猫說]"

고양이의 버릇을 바꾸는 데 실패한 박인의 반대편에는 남구명南九明이 있다. 그는 이른바 '도둑고양이'가 사람에 의해 길들여져 도둑질을 그만두고 쥐를 잘 잡는 '좋은 고양이'가 된 이야기를 거론하면서, 고양이가 도둑질을 하는 것은 어디까지나 주어진 환경에서 목숨을 부지하기 위한 선택이지 타고난 본성이 아니라고 정리했다. 즉, 고양이나 사람이나 적절한 환경과 배움이 있다면 얼마든지 자신의 본성을 되찾을 수 있다고 봤다. 이는 누구라도 군자가 될 수 있다는 유교의 가르침과 일치하고, 어디서나 세상의 섭리를 찾을 수 있다는 성리학의 전제에도 들어맞았다.

이웃집에 고양이가 있었는데, 늘 왕래하며 사람의 눈치를 살피다가 그릇을 뒤져 음식을 훔치니 못 하는 짓이 없었다. 고기를 매달아 두면 이빨을 갈고 그르렁거리며 뛰어올라서는 기어이 잡아채 먹을 따름이었다. 종들이 괴로워 혹 몽둥이를 들어 쫓아내고, 혹 개를 풀어 물게 하고, 혹 덫을 놓아 잡고 밧줄로 묶고 채찍으로 때리는 등 실컷 괴롭힌 뒤 놓아줬지만, 그 도둑질은 점점 더 심해지기만 할 뿐이었다.

종들이 상의하길 "이 고양이가 수차 괴롭힘을 당하고 다 죽게 되어도 하는 짓이 여전하니, 분명히 배가 고파서 이러는

것이다. 밥을 주면서 그 하는 짓을 지켜보는 것이 좋겠다"라
고 하고서 마침내 밥을 조금 덜어 주자, 이 고양이는 아침저
녁으로 와서 이를 먹었다. 고양이는 이에 그 마음을 고치고
습관을 바꿔서 비록 음식이나 물고기가 앞에 늘어서 있어도
눈길을 주지 않고 입맛도 다시지 않았다. 사람과 친해져서 고
개를 숙이며 매일같이 와서 길들여지니 종들도 고양이를 사
랑하여 더욱 잘 길러 줬다.

_남구명,《우암집》"고양이 이야기[貓說]"

　이수광, 박인, 남구명과 같은 조선 중후기 선비들의 설에
서 우리는 고양이를 보는 관점에 유교 성리학이 끼친 영향
이 상당히 복합적임을 알 수 있다. 인간의 눈으로 고양이의
지위와 역할을 규정하고 고양이다움을 요구하면서 고양이
를 무릎 밖으로 밀어냈지만, 일방적인 애호의 대상이 아니
라 인간과 같은 섭리 아래서 동등하게 존재하는 주체로 보
는 점에서는 오히려 '애완동물'을 넘어 '반려동물'에 가까워
진 측면도 찾을 수 있는 것이다.

　다만 간과하지 말아야 할 점은 이것이 선비들의 '모범 답

안'이기는 해도, 그 시대의 모든 사람들이 가지고 있던 생각은 아니라는 사실이다. 선비들의 진지한 탐구와 달리 소박하고 평범한 사람들의 세계에서 고양이라는 존재는 더욱 유연하고 다채로웠다.

만 수 무 강 을
기 원 한
고 양 이 그 림

18세기는 다양한 방식으로 그린 그림들이 폭발적으로 등장하고, 사실주의와 상징주의가 거듭 교차하면서 여러 가지 변주가 이루어지는 시기였다. 도시에서 부를 축적한 사람들이 미술 시장의 큰손으로 떠오르자 이에 맞춰 시장의 규모 자체가 크게 성장했고, 중국에서 새롭게 수입한 화풍과 조선의 고유한 자연환경 및 사회적 조건이 맞물려 소비층이 고를 수 있는 그림의 종류가 다각화되었다. 이전까지 궁중에서 쓰이던 길상화*가 서민들에게 널리 보급되는가 하면,

* 부귀·건강·장수·다산 등 사람들의 바람을 상징물에 의탁해 나타낸 그림.

세밀한 관찰을 토대로 조선의 강산을 사실적으로 표현하는 등 많은 실험을 거쳐 우리가 아는 걸작들이 탄생하기에 이르렀다.

고양이 그림도 예외가 아니었다. 조선 전기 서거정의 시와 이암의 그림에서 볼 수 있듯 고양이를 묘사한 그림은 일찍부터 존재하고 있었지만, 아직 그 표현은 간략했다. 산수화에 사실주의를 접목하며 조선 후기 화단의 개척자가 된 겸재 정선鄭敾은 〈추일한묘〉라는 그림을 그렸는데, 세밀하게 그린 꽃이나 방아깨비와 달리 고양이의 이목구비는 어딘가 어색하다.

그보다 한 세대 뒤인 심사정沈師正의 〈패초추묘〉는 좀 더 사실적인 고양이의 모습을 보여 준다. 목과 꼬리의 표현이 훨씬 자연스럽고, 눈 주변과 귀 안쪽까지 잘 담아내고 있다. 애묘인으로 유명한 숙명공주가 심사정의 큰할머니라는 사실이 그가 고양이를 관찰하는 데 영향을 줬던 것일까?

뒤이어 고양이에 대한 사실적인 묘사를 극한까지 발전시킨 사람은 영조 시대의 화원인 변상벽卞相璧이었다. 그가 얼마나 고양이를 잘 그렸는지, 사람들이 그를 가리켜 '변고양

심사정의 〈패초추묘〉(찢어진 파초와 가을 고양이)

18세기, 비단에 채색, 23×18.5cm, 간송미술관 소장

정선의 〈추일한묘〉(가을날 한가로운 고양이)

금빛 눈동자를 한 턱시도 고양이가 방아깨비를 주시하고 있다.

18세기, 비단에 채색, 30.5×20.8cm, 간송미술관 소장

이'라 불렀다고 한다. 반면 그림 속에 담긴 고상한 운치와 호방한 기개를 중시하던 문인 화가들은 사실성을 추구하는 변상벽의 그림을 두고 "그저 사물의 형체만 꾸미지, 흥취라고는 조금도 없다"(《송천필담》)라며 혹평했다. 변상벽도 자신의 그림이 화단에서 높이 평가받는 종류가 아니라는 것은 잘 알고 있었지만, 자신의 개성과 특기를 개발해 독자적인 분야를 개척했다고 이야기한다.

> 업業이란 넓으면서 조잡한 것보다 한 가지에 정진해 이름을 얻는 게 낫지요. 저도 당연히 산수화를 배웠지만, 지금의 화사畵師들을 압도하고 그들의 위로 올라갈 수 없음을 알았기에 동물을 골라 연습했습니다. 무릇 고양이는 집에서 길러 날마다 사람과 친근하니, 그 배고프고 배부르고 기뻐하고 성내고 움직이고 고요한 마음을 쉽게 관찰하여 익히게 되었습니다. 고양이의 이치가 제 마음에 있고, 생김이 제 눈에 있는 연후에 고양이의 모습이 제 손끝에 만져져서 나오게 된 것이지요.
>
> _ 정극순,《연뢰유고》 "변씨의 그림 이야기[卞氏畵記]"

변상벽의 고양이 그림은 화단의 평가가 무색할 만큼 세간에서 엄청난 인기를 끌고 있었다. 그에게 그림을 부탁하려는 사람이 하루에도 수백 명에 달하다 보니, 급기야 질려버린 변상벽이 문을 닫아걸고 집 안에 꽁꽁 숨어 있을 정도였다. 고양이 그림이 어쩌다가 이토록 인기를 얻게 되었을까? 그 이유는 변상벽이 고양이를 사실적으로 관찰하고 묘사한 것을 넘어서, 그림 안에 담겨 있는 주술적인 상징성에 있었다. 고양이를 가리키는 묘猫(māo)와 고령의 노인을 가리키는 모耄(mào)가 중국어로 발음이 비슷하기 때문에 고양이 그림을 선물하는 것은 상대의 만수무강을 기원하는 뜻이었던 것이다.

같은 차원에서 참새를 의미하는 작雀은 벼슬을 의미하는 작爵과 대응되었다. 이에 따라 변상벽의 〈묘작도〉를 해석해보면 고양이 두 마리는 두 노인(아마도 부부)의 장수를, 나무 위에 앉아 있는 참새 여섯 마리는 그 슬하의 여섯 아들이 벼슬에 나아가기를 기원하는 의미가 된다. 당시 사람들의 현실적인 소망이 변상벽의 생생한 고양이 그림을 만나 하나의 주술로 완성된 모습이다.

변상벽의 〈묘접도〉와 걸작으로 유명한 김홍도의 〈황묘농접〉(112쪽)의 나비 또한 장수하기를 바라는 마음을 담은 것이다. 나비 접蝶(dié)과 노인 질耋(dié)의 중국어 발음이 같기 때문이다. 두 그림에 공통적으로 등장하는 돌도 오래도록 변하지 않는다는 점에서 마찬가지 뜻이다. 고양이에 나비를 한 번 더 얹고, 여기에 돌까지 추가하면서 그림이 나타내는 주제를 이중 삼중으로 강화하고 있는 셈이다.

흥미로운 점은 조선에 이미 십장생十長生[*]이라는 상징물이 있었음에도 갑자기 고양이가 새로운 장수의 상징으로 떠올랐다는 점이다. 중국어 발음이 비슷하다는, 얼핏 듣기에 직관적이지 않은 이유로 추측해 보자면 당시 조선 사람들은 무언가 새로운 것, 이국적인 것을 추구하고 또 자신의 것으로 소화하려 했던 듯하다. 그림으로 보기에도 좋고, 상징에 담긴 의미까지 알면 더 좋은 고양이 그림은 사랑받지 않을 수 없었으리라. 아주 인기 있는 소재가 된 고양이는 그 뒤로

---

[*]   오래도록 살고 죽지 않는다는 열 가지 사물. 해·산·물·돌·구름·소나무·불로초·거북·학·사슴을 말한다.

도 다양한 화가들이 그렸다. 그 가운데 조선 말의 장승업張
承業은 다소 독특한 변형을 보여 준다.

고양이와 나비, 고양이와 참새처럼 한 그림에 담긴 사물
들이 서로의 의미를 보완하고 강화시키는 길상화에서는 보
통 현실과 달리 고양이가 참새에 달려들거나 나비를 노리는
태도가 크게 순화되기 마련이다. 그런데 장승업의 〈화조영
모어해도〉에는 나비 대신 벌이 등장하고, 고양이는 금방이
라도 뛰어오를 것처럼 몸을 팽팽하게 웅크리고 있다. 여기
에 벌을 뚫어져라 쳐다보는 매서운 눈초리, 섬세한 묘사 대
신 기세를 강조하는 필치가 한데 어우러져 그림 전체에 강
렬한 긴장감을 불어넣는다. 조선의 관습에 얽매이지 않는
이단아였던 그는 고양이를 가슴에 야성을 간직한 거친 포식
자로 바라봤는지도 모른다.

변상벽의 대표작
〈묘작도〉(참새와 고양이)

한 쌍의 고양이와 지저귀는 참새 떼를
섬세한 필치로 생동감 넘치게 그려 냈다.

18세기, 비단에 채색, 93.9×43cm, 국립중앙박물관
소장

장승업의 〈화조영모어해도〉
(꽃, 새, 짐승, 게) 부분

19세기, 종이에 채색, 127.3×31.5cm,
국립중앙박물관 소장

고양이를 쫓다 다리를 절게 된 얼자 이야기

1800년 즈음 성대중이라는 학자가 쓴 《청성잡기》에는 고양이가 등장하는 재미있는 이야기 한 토막이 있다. 성대중이 서얼이라는 신분적 한계를 안고 있었기 때문에 이 책에는 간간이 서얼차대의 부당함을 역설하는 대목이 나오는데, 이 이야기도 그 맥락에서 등장한다.

신풍新豐 장씨張氏의 얼자로 어릴 적 민첩하던 자가 있었는데, 고양이를 쫓아 담을 넘다가 그만 날카로운 것을 밟고 절름발이가 되었다. 병자호란에 온 집안이 피난을 갔지만, 그는 따라갈 수 없어서 도성에 숨었다. 이때 바야흐로 설이 가까워

대갓집 부엌에는 남기고 간 음식이 가득했기에 굶주리지 않을 수 있었고, 낮에는 깊숙한 곳을 골라 숨었다.

문득 두 오랑캐가 음식을 약탈하러 뜰에 뛰어드니, 김칫독이 줄지어 묻혀 있고 그 반은 비어 있었다. 오랑캐들은 김치를 허겁지겁 먹어 치우더니 갈증이 나 국물을 마시려 했지만, 깊어서 퍼낼 수가 없었다. 이에 땅에 엎드려 머리를 디밀고 마시니, 시원하고 새콤한 것이 입맛에 맞았는지 (누가 이 맛을 알랴!) 탐하여 그칠 줄을 몰랐다.

절름발이가 문틈으로 이를 보다가 손바닥이 근질거려 참지 못하고, 갑자기 뛰쳐나가 덮치니 오랑캐들은 모두 젓갈이 되고 말았다. 전란이 진정된 뒤에 수급을 바치자 조정에서 무공으로 벼슬을 내렸다. (절름발이 얼자도 적을 죽일 수 있는데, 절름발이 아닌 얼자인 홍계남* 같은 이는 공을 이루 다 말할 수 없다!)

_성대중,《청성잡기》〈성언〉

---

* 홍계남은 임진왜란이 일어나자 아버지 홍언수와 함께 안성에서 의병을 일으켜 일본군이 충청도로 진입하는 것을 막았다. 홍언수가 전사하자 그의 의병장 자리를 이었고, 조정에서 관직을 제수받았다.

《홍길동전》에서 볼 수 있는 것처럼, 아버지를 아버지라 부르지 못하게 하는 조선의 서얼차대는 시간이 흐를수록 강화되어 성대중이 살던 시대에는 도저히 넘을 수 없는 높은 장벽이 되어 있었다. 이에 맞서 그는 차별이 심하지 않았던 옛날, 거듭되는 전란 중에 능력으로 신분을 극복한 사람들의 일화에서 희망의 메시지를 발견한다.

흥미로운 점은 평범한 얼자가 이룬 기적의 발단에 고양이가 있다는 것이다. 조선 사람들은 고양이에게 저마다 다양한 욕망을 덧씌웠다. 학자는 자신이 믿는 우주의 작동 방식을 근거로 고양이를 설명했고, 의사는 고양이와 다른 사물의 상호작용에서 의학적 영감을 얻었다. 선비는 각자의 본분에 충실할 것을 고양이에 빗대 강조했고, 백성은 장수와 건강에 대한 염원을 고양이 그림에 담아 걸었다. 하지만 그 가운데 누구도 사회 체제를 뒤집으려는 꿈을 투영하지는 않았다.

성대중이 전하는 이름 없는 얼자의 삶은 얼어붙은 질서를 깨려 한 이들의 뜨거운 열망을, 희생 없이는 그 벽을 부술 수 없었던 현실을 보여 준다. 동시에 고양이가 질서와 질서 아닌 것을, 우연과 우연 아닌 것을 넘나들며 잇는 동물이었음을 드러낸다.

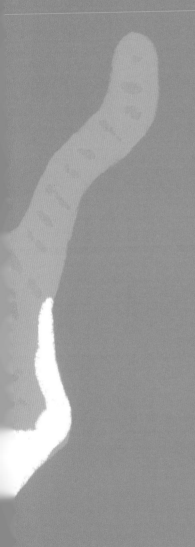

가장
찬란한
순간

궁궐 안에 황금빛 고양이가 있었으니

지존께서 사랑해 좋은 이름 내리셨네

금묘야 부르면 고양이 문득 달려오고

부르기가 무섭게 알아듣는 듯했지

기린이나 공작 따위 오히려 멀리해도

금묘 홀로 따르며 좋은 음식 먹었나니

낮에는 한가로이 섬돌에서 낯을 씻고

밤에는 추위 피해 용상 곁에 웅크리고

궁녀들은 함부로 손 허락지 않으면서

임금의 손길 통해 은혜 두루 입었다오

하루아침 죄 얻으나 그의 죄 아니건만
궁인들이 전례대로 절간으로 쫓아내니
궁궐에서 귀히 나서 살코기 맛보다가
산방에서 초췌하게 묵어 죽 먹었구나
우리 임금 돌아가신 소식이 다다르자
금묘가 먹지 않고 사흘 동안 통곡하니
대비께서 이 사실을 측은히 여기시어
그날 곧 사면하고 귀환하길 서둘렀네
궁궐의 물색마저 예전과는 달라진 참
금묘 문에 들어서자 슬프게 내달렸다

사람이 시험하나 어찌 알지 못하는가

음식에 뜻 없는데 고기라고 먹겠는가

허둥지둥 달려가 빈전 뜰에 통곡하며

머리 들어 빈전 향해 자꾸만 조아리니

울음소리 너무 슬퍼 차마 못 들겠어라

보는 이마다 눈물로 옷깃을 적시었네

스무 날을 통곡하다 기어이 죽고 마니

앙상하게 야윈 몸이 더욱 참담했어라

비단으로 머리 감싸 상여로 묻어 주니

묻힌 곳이 명릉에서 바로 지척이라오

_김시민,《동포집》"금묘가"

숙명공주의
고　양　이
사　　　랑

병자호란이 끝난 1637년, 전쟁에서 승리한 청나라는 조선의 소현세자와 봉림대군을 인질로 잡아 자신들의 수도 선양(묵던)으로 데려갔다. 물론 인질이라고 해도 왕자들은 상당한 격식을 갖춘 대우를 받았고 가족을 비롯한 수많은 조선 사람들이 일종의 '코리아타운'을 이루어 살았기에 그저 고달프기만 한 타향살이는 아니었다. 이곳에서 소현세자는 본국과 연락을 주고받으며 청나라가 조선에 요구하는 사항을 전달하고, 무리한 요구나 의혹을 제기할 때는 조선의 입장을 적극 변호하면서 일종의 외교관 역할을 수행했다.

　이렇게 두 왕자가 청나라에 머무른 지 몇 년이 지난 어느 늦봄. 봉림대군과 부인 장씨 사이에서 훗날 숙명공주淑明公主라 불리게 될 딸이 태어났다. 선양에서 어린 시절을 보내던 그녀는 여섯 살의 나이에 봉림대군을 따라 조선으로 건너왔고, 3년 뒤 봉림대군이 효종으로 즉위하자 공주의 작위를 받아 오랫동안 왕실의 어른으로 대접받다가 환갑을 앞두고 세상을 떠났다.

외국에서 자라다가 조선의 공주가 된 숙명의 생애는 조선 왕실에서 상당히 특이한 경우에 속한다. 공주의 가족 또한 타지에서 동고동락했기 때문인지 엄격한 법도에 구애받지 않고 소탈한 친밀감을 드러내는 경우가 많다. 아버지 효종은 공주가 문안하러 찾아오지 않아 서운한 마음을 비치면서 "이 죄는 오로지 심철동(공주의 남편 심익현)의 죄이니 보채고 싸우라"라며 장난스럽게 부부 싸움을 부추기는 편지를 썼고, 동생 현종이 보낸 편지 귀퉁이에는 "악착스럽고 독하게 한 장은 보내라 하였으니 이렇게 보낸다"라는 볼멘소리가 있을 정도다. 그리고 그중에서 가장 유명한 편지는 숙명공주가 시집에서 고양이만 품고 있다고 나무라는 내용이다.

너는 시집에 가 바친다고는 하거니와 어이 괴양이는 품고 있
느냐 행여 감기나 들었거든 약이나 하여 먹어라

_《숙명신한첩》"효종대왕 어서"

안타깝게도 이 편지는 분실되어 사진으로만 남아 있지만,
우리는 공주가 고양이를 키우는 집사였으며 얼마나 고양이
를 아끼고 있었는지 알 수 있다. 당시 사람들은 대체로 쥐를
잡기 위한 목적으로 고양이를 받아들였기 때문에 고양이는
밖에서 뛰어노는 짐승이었는데, 그녀는 마당을 돌아다니며
흙투성이가 된 고양이를 기꺼이 품에 안아 들고 다녔던 것
이다. 비단옷이 조금 더러워지는 정도는 귀여운 고양이 앞
에서 아무런 문제가 아니었으리라.

만약 숙명공주가 어린 시절 청나라에서 접한 반려동물 문
화를 조선에 가지고 들어왔다면, 이 고양이는 마당을 뛰어
다니는 것이 아니라 집 안에 머무르면서 쥐 따위는 거들떠
보지도 않고 호화롭게 대접받았을 수도 있다. 실제로 17세
기 청나라에서는 이미 지금과 비슷한 수준의 반려동물 문화
가 자리를 잡고 있었다. 이 모습을 신기하게 바라봤던 조선

《숙명신한첩》 부분

왼쪽 편지에서는 '보채고 싸화라'는 문구가,
오른쪽 편지에서는 '괴양이'라는 단어가 눈에 띈다.

국립청주박물관 소장

사신들의 증언을 살펴보자.

> 개는 큰 것이 망아지만 하여 사슴이나 노루를 잡을 수 있고, 작은 것은 고양이만 하여 더욱 가볍고 날래다. 호인胡人들은 개를 가장 소중히 여겨서, 사람과 개가 한 구들에서 함께 자고, 심지어는 한 이불에 눕기까지 한다. 길가에 한 호인의 집이 몹시 화려하고 사치스러웠다. 벽에는 채색한 그림을 바르고 방에는 붉은 융단을 깔았는데, 개가 그 위로 뛰어놀아서 보기에 추했다. 또 우리가 상을 받던 날에는 개와 호인들이 반열 속에 서로 섞여 있었으니, 더욱 해괴한 일이다.
>
> _이의현,《경자연행잡지》

가장 분명하게 나타나는 것은 개에 대한 증언이지만, 다른 여러 기록에 비춰 유추해 보면 청나라 사람들이 고양이를 대하는 태도가 이와 다르지 않았다는 것을 짐작할 수 있다. 숙명공주도 이들처럼 고양이를 '가족'으로 받아들이지 않았을까? 사료가 부족해 더 이상은 알 수 없으나, 임금이 고양이만 돌보지 말고 시가에도 신경 쓰라며 잔소리를 했다

는 사실은 그녀의 고양이 사랑이 유별났음을 말해 준다.[*]

　이 사랑은 당대에 그치지 않고 다시 그녀와 친분이 깊었던 조카 숙종에게로 계승되었다. 전하는 바에 따르면 숙명공주가 남편을 잃자 숙종이 그녀에게 수시로 각종 지원을 보낼 정도로 두 사람은 각별했다고 한다. 정치적 견해 차이로 한동안 사이가 틀어지기도 했지만 숙명공주가 중병을 앓았다가 소생한 일을 계기로 관계가 회복되었고, 공주가 위독하다는 보고를 받은 숙종은 격식을 깨고 예고 없이 그녀의 집을 찾기도 했다. 둘 사이가 이처럼 가까웠던 만큼 숙종은 고양이를 안고 있는 숙명공주의 모습을 수시로 보고 자랐으리라 상상해도 좋을 것이다.

　　이 해(1694) 3월에 공이 종실의 영재들과 함께 부르는 명을 받들고 입궐하였다. 임금(숙종)께서 후원으로 나가 영화당映

---

[*]　효종은 소설을 즐겨 읽는 공주에게 자신이 직접 번역한 《삼국지통속연의》 초고를 줄 만큼 공주의 개인적인 취미 생활을 존중하며 지지했다. 공주의 적극적인 고양이 사랑은 아버지의 포용력 있는 태도에 어느 정도 빚지고 있었던 듯하다.

花堂에 납시니, 세자가 시종하고 숙휘·숙명 두 공주도 곁에 계셨다. 마치 집안 식구들과 술을 마시는 것처럼 옥음이 다정하셨고 투호 놀이를 하며 매우 즐거워하셨다.

_ 윤기,《무명자집》"의원군 행장"

집 사 숙 종 의
퍼 스 트 캣

숙종은 조선의 임금 중에서도 유난히 동물을 가까이한 사람
이었다. 역대 왕들이 쓴 시문을 모은 《열성어제》를 보면 그
가 후원에서 키우는 닭을 보고 지은 시가 있고, 토끼를 키우
는 방법에 대한 회고가 있을 정도다. 이에 따르면 숙종은 처
음 토끼를 얻었을 때 추운 날씨에 얼어 죽지 않도록 온실에
두었다. 하지만 토끼는 이내 죽었고, 나중에 다시 토끼를 얻
어 정원의 섬돌 사이를 뛰어놀게 하자 6년이 넘도록 건강하
게 키울 수 있었다고 한다. 실록 중 "숙종대왕 행장"에도 숙
종이 어린 시절에 키우던 참새 새끼가 죽자 묻어 주게 했다
는 말이 있다.

이렇게 동물 사랑이 남달랐던 숙종의 눈에 들어온 것이 바로 창덕궁을 자유롭게 돌아다니는 고양이들이다. 쥐를 잡아 재산을 지켜 주는 고양이는 조선의 어느 곳보다도 막대한 재화가 보관되어 있는 궁궐에서 더욱 환영받는 존재였고, 덕분에 임금이 사는 창덕궁까지 마음대로 드나들었던 모양이다. 당시 궁궐 안에 고양이가 얼마나 자주 보였는지, 숙종 16년(1690)에는 세자(훗날의 경종)에게 바쳐진 약을 고양이가 먹고 죽었다는 소문이 퍼지기도 했다. 그러나 이 소문은 숙종부터가 금시초문이어서 금세 거짓으로 밝혀졌고, 오히려 소문을 퍼뜨린 사람이 처벌을 받았다.

　숙종은 궁 안을 오가는 고양이들과 놀면서 자연스럽게 애묘인의 길을 걷게 되었다. 《열성어제》에 실린 "죽은 고양이를 묻다"에는 고양이를 바라보는 숙종의 관점이 잘 드러나 있는데, 여기서 무엇보다 주목할 만한 점은 고양이를 더 이상 쥐를 잡는 존재로 평가하지 않았다는 사실이다. 그는 순수한 친애의 마음으로 고양이에게 다가갔고 그런 자신의 생각을 글로 남긴 최초의 인물이었다.

내가 기르던 고양이가 죽자 사람을 시켜 감싸서 묻어 주게 하였다. 귀한 짐승이라서가 아니라 주인을 따른 것을 사랑하기 때문이다. 《예기》에 가로되, "해진 수레 덮개를 버리지 않는 것은 죽은 개를 묻어 주기 위해서"라 하고, 주석에 "개와 말은 모두 사람을 위해 힘쓰므로 특별히 은덕을 보이는 것이다"라 하였다. 고양이는 비록 사람을 위해 힘쓴 바가 있는 것은 아니지만 짐승일지라도 주인을 따르는 것을 아나니, 그를 묻어서 베푸는 것은 지나친 것이 아니라 마땅한 것이다.

_《열성어제》"죽은 고양이를 묻다[埋死猫]"

숙종과 고양이의 인연에 대한 기록은 이외에도 여러 곳에서 찾을 수 있다. 가장 가치가 높은 기록은 숙종 대의 비평가 이하곤이 쓴 "궁궐 고양이의 일을 적다"라는 글이다. 단지 내용이 자세한 것을 넘어서 숙종이 세상을 떠난 직후에 작성된 데다 관련자로 추정되는 김필형이라는 사람의 증언까지 수집해서 적어 둔 1차 사료이기 때문이다. 김시민의 "금묘가"(222쪽)는 이하곤의 글과 비교하면 사실관계에 부분적인 차이*는 있지만 숙종이 승하한 해에 작성되었다는 점에서 역시 사실에 가깝다고 할 수 있다. 따라서 이 두 기록을 종합해《조선왕조실록》에 남지 못한 역사의 행간을 채워 본다면 다음과 같다.

어느 날 후원을 거닐던 숙종은 노란 털빛의 고양이가 앙상하게 말라 죽어 가는 모습을 보게 되었다. 불쌍한 마음이 든 그는 고양이를 거두어 궁녀에게 맡기면서 금덕金德이라는 이름을 지어 줬고, 얼마 뒤 건강을 되찾은 금덕이 새끼를 낳자 그중 하나에게 다시 금손金孫이라는 이름을 내렸다. 나중에 금덕이 죽으니 숙종은 자신을 잘 따르던 금덕을 애도하는 글을 짓는다. 이것이 곧 "죽은 고양이를 묻다"였다.**

그 뒤 금손은 궁 안에 머무르면서 숙종의 사랑을 한 몸에 받았다. 인현왕후가 사망한 뒤 희빈 장씨에게 사약을 내리고, 그 자리를 대신하던 숙빈 최씨도 이현궁으로 보내며 느꼈던 왕의 고독을 위로해 준 존재가 된 것이 아닐까 싶다. 이 고양이는 수라상 밑에 엎드리고 있다가 숙종이 던져 주는 고기를 받아먹고, 밤에는 용상 곁에 웅크린 채 잠을 잤다고 하니 총애가 어느 정도였는지 짐작할 만하다. 환국 정치로 대신들을 쥐락펴락한 냉혹한 정치가도 고양이 앞에서는 그저 한 사람의 집사였던 셈이다.

하지만 1720년에 왕의 건강이 악화되자 금손의 운명도 기로에 선다. 숙종은 오래전부터 소화 불량을 비롯한 각종 증상을 달고 있었는데, 급기야 혼수상태를 오가고 복부가 부풀어 올라 일상생활이 불가능한 지경에 이르렀던 것이다. 숙종이 직접 금손의 밥을 챙기지 못하고 안팎으로 긴장이 고조되면서 금손은 궁중의 애물단지로 전락했다. 마침내 왕의 고양이는 배고픔을 참다못해 수라상에 올라갈 고기를 훔쳐 먹은 일로 절간에 내쳐지는 신세가 되고 말았다. 단순히 고기를 도둑질한 죄가 아니라, 그만큼 궁중의 상황이 급박했던 것이리라.

6월 8일에 숙종이 승하하고 이 소식이 금손이 있던 곳까지 다다르자 금손은 며칠 동안 먹이를 먹지 않고 슬피 울었다. 이에 인원왕후(숙종이 인현왕후 다음으로 맞이한 왕비)가 금손을 다시 궁으로 데려왔지만, 금손은 돌아온 뒤에도 숙종의 빈소가 마련된 자정전 주위를 떠나지 않으면서 단식을 이어 갔다. 궁녀들이 물고기를 억지로 들이밀어도 주둥이를 바닥에 비비면서 끝까지 먹지 않았다고 한다. 그렇게 울기를 수십 일 끝에 금손은 결국 자정전 계단 밑에서 엎드려 죽은 채 발견되었다. 숙종을 생각하는 금손의 마음에 감동한 인원왕후는 시신을 잘 수습해 숙종의 무덤 근처에 묻어 주게 했다.

금손의 이야기는 단순히 궁중 비사秘史에 머무르지 않고 숙종의 인품에 대한 미담으로 포장되어 사람들 사이에 널리 알려졌다. 영조 1년(1725)에 이도장李道章이라는 선비가 올린 상소문에 숙종의 어진 마음을 보여 주는 사건으로 금손의 일이 언급되는 것이 단적인 예다. 이도장이 김해에 살고 있는 유생인데다 이 상소가 무려 396명이 동참한 연명 상소라는 점을 감안하면 상당히 놀라운 일이다. 숙종이 승하하고 5년도 지나지 않은 시점에 이미 경상도 남쪽 끝까지 금손의 이야기가 알려져 있었던 것이다.

> 말세 사람아 금묘 앞에 부끄러운 줄 알아서
> 은혜 버리고 의리 잊는 난신적자亂臣賊子 되지 마오
> 말 전하나니 역사 쓰는 붓 잡은 사관들이여
> 금묘의 일도 실록에 적어 특히 칭송해 주게
> _ 김시민,《동포집》 "금묘가"

묘 마 마 와
친 구 가 되 다

본래 고양이를 지금과 같이 애정의 대상으로 바라보는 관점은 왕실과 소수 상류층에 국한되어 있었지만, 18세기에 성장한 도시 속에서 상업과 시장이 발달하고 서민들의 소비문화가 생겨나면서 고양이에 대한 인식은 새로운 국면을 맞이했다. 이를 잘 보여 주는 것이 《오주연문장전산고》에 실린 묘마마猫媽媽 이야기다.

영조 시절, 사족 집안에 '묘마마'가 있었다. 고양이를 많이 키우면서 비단을 입히고 진미를 먹이면서 좌우로 떨어지지 않아 사람들이 부르길 '묘마마'라 하였다. 묘마마가 죽었을 때는 고양이 수백 마리가 밖에서 떠나더니 집 주위에서 며칠을 울부짖었다. 사람들이 자못 괴이하게 여겼으니, 이야기가 잠 꼬대 같은 것이 아니라 한다.

_이규경,《오주연문장전산고》〈만물편〉

묘마마라는 말은 '고양이 마님' 또는 '고양이 엄마' 정도의 뜻이어서 지금의 캣맘Cat Mam이라는 말과 정확히 일치한 다. 실제로 묘마마가 돌본 이 고양이들은 그녀가 집 안에서 키운 것이 아니라 도시의 밤거리를 자유롭게 떠돌던 길고양 이였다.

이 점은 묘마마의 죽음을 애도한 고양이가 집 안에서 밖 을 향해[向外] 떠난 것이 아니라 집 밖에서[自外] 떠났다는 문구를 통해 알 수 있는 사실이다. 조선의 가옥은 완벽히 닫 힌 공간이 아니었으니, 묘마마는 자신이 사는 곳에 찾아온 길고양이를 융숭히 대접하고 고양이들은 집 안팎을 넘나들 면서 그녀와 살았을 것이다.

묘마마의 이야기는 고양이 애호 문화가 대중적으로 확산 되는 모습과 함께 고양이로 넘쳐 나던 도시 풍경을 상상하게 한다. 이 같은 시대상은 〈태평성시도〉라는 그림에 보다 구체적으로 드러나 있는데, 도시의 모습을 보이는 그대로 담은 것이 아니라 조선 사람들이 꿈꾸던 이상적인 도시의 모습을 그린 것이지만 당시의 도회적 분위기를 짐작하게 해 준다는 점에서 역사적 가치가 적지 않다.

이 그림 속에서 우리는 고양이 세 마리를 찾을 수 있다. 그 가운데 치즈 고양이는 새를 물고 지붕에 앉아 있으며 턱시도 고양이 한 마리가 그 모습을 지켜보는 중이다. 그리고 나머지 한 마리는 처마 밑에 앉아 여인들이 실 잣는 모습을 구경하고 있다. 어쩌면 묘마마의 집이 바로 이러한 풍경이 아니었을까?

한편 군대에서도 고양이가 쥐 잡는 동물을 뛰어넘어 특별한 동물로 대우받은 사례가 있어 눈길을 끈다.

북병영에 고양이가 있으니, 운주헌運籌軒 마루 밑에 산다. 날마다 밥 한 그릇과 국 한 그릇을 전례대로 먹으면서 감히 상처 입히지 않았다. 그 새끼 한 마리는 급료를 정해 군수물자 창고에서 지급하도록 규정에 실었다. 고양이가 울면서 병영

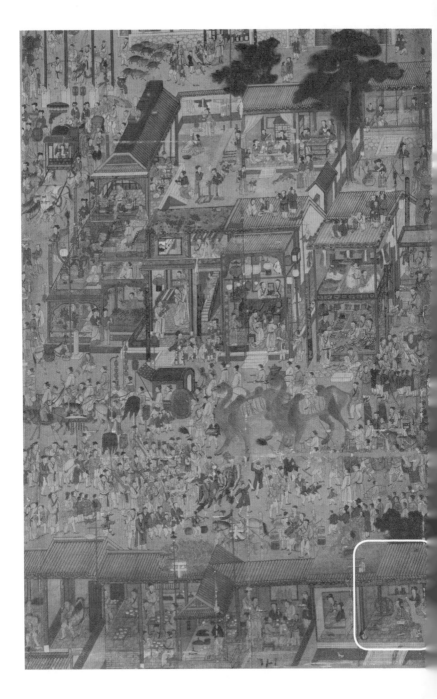

〈태평성시도〉 부분

인물의 옷과 집 모양은 중국풍이지만 풍속과 물건은 조선의 것이다.

18세기, 비단에 채색, 113.6×49.1cm, 국립중앙박물관 소장

안을 순회하면 병사兵使(병마절도사)에게 불길한 일이 생기
니 또한 하나의 괴이한 일이다.

_이유원,《임하필기》〈춘명일사〉

이 기록은 함경도 관찰사를 지내고 있던 이유원이 1863
년 전후에 직접 목격한 바를 적은 것으로 추정되며, 고양이
를 기르는 일은 지휘관 개인의 특별한 애호가 아닌 일종의
부대 전통이자 미신이었다고 전한다. 북병영의 고양이는 모
든 병사가 공유하고 있는 행운의 상징이었던 것이다.

이유원은 이 시기의 고양이 애호가 불교의 승려들에게 미
치고 있었다는 사실을 알려 주는 글도 남겼다. 그가 어느 절
에 묵었을 때 밤이 깊도록 잠이 오지 않아 뜰을 거니는데, 주
지의 방에 들어가니 노승은 참선을 하고 새끼 고양이는 침
상 가장자리에 자고 있어 "노승은 새벽에 함께 기침하고, 고
양이는 밤에 침상으로 다가온다"라는 시구를 지었다는 내용
이다.

다산茶山 정약용丁若鏞도 승려가 고양이의 털을 빗기고
쓰다듬는 모습을 묘사하는 시를 남긴 것으로 봐서 산사에

사는 고양이는 흔히 있었던 듯하다.

> 우거진 노송은 산문에 빽빽하고
> 말 내려 들어서니 노을이 아득하네
> 섬돌 밑 접시꽃 멋대로 누워 있고
> 다리맡 버들은 울타리 노릇 한다
> 동자승은 어여쁘고 사랑스러워
> 인사를 마치고 삼 담그러 가버리며
> 노승은 고양이를 손에 잡고 앉아
> 손자처럼 털 빗기고 머리 쓰다듬네
> _ 정약용,《다산시문집》"자효사에서 놀다[遊資孝寺]"

　도시의 여성, 병영의 군인, 산사의 승려와 같이 18세기 이후 기록에 나타나는 서민 애묘인들이 고양이를 사랑한 이유는 더 이상 고양이가 경제적으로 도움이 된다는 데에 있지 않았다. 만일 고양이를 보는 그들의 시선에 이해타산적 측면이 있다고 하더라도 그것은 기본 전제가 아니라 부차적인 이득에 지나지 않았다.

조선에 살고 있는 고양이의 숫자는 그런 흐름에 힘입어 빠르게 불어났던 것으로 보인다. 이러한 증가는 고양이와 인간의 관계에 지금까지와 다른 새로운 패러다임이 필요하다는 뜻이기도 했다.

고 양 이   가 죽
처방을 거부한
영   조

영조는 조선의 임금 가운데 가장 장수한 것으로 기록되어
있지만, 긴 세월 동안 이런저런 질병을 겪지 않을 수 없었다.
특히 영조를 자주 괴롭힌 증상은 아랫배가 땅기는 산기疝氣
였다. 《승정원일기》에는 그가 산기와 함께 설사를 앓자 어
의들이 개 가죽으로 배를 감싸는 민간요법을 제안하는 모습
이 나온다. 그런데 영조는 일전에 개 가죽을 써 보니 냄새가
너무 고약하더라는 이유로 이를 거부했고, 이에 개 가죽 대
신 고양이 가죽을 사용하는 방안이 제시되자 "차라리 개 가
죽을 쓰지, 고양이 가죽은 결코 쓰지 않겠다"라는 말로 강경
하게 논의를 중단시켰다.

하지만 어의들의 고양이 가죽 처방은 이것으로 끝이 아니었다. 그로부터 5년 뒤 영조가 어깨와 팔의 통증을 호소하자 이조판서 겸 약방 도제조 김흥경과 좌의정 김재로가 나서서 다시 한 번 고양이 가죽 처방을 제안한 것이다. 더욱이 두 사람은 막연히 고양이 가죽을 추천한 것이 아니라, 자신들이 실제로 고양이 가죽을 써 보니 효과가 있었다는 임상 실험 결과까지 들어 가며 왕을 설득하기 위해 애썼다. 처음에 영조는 고양이 가죽이 비루하다는 말로 처방을 받아들이지 않다가, 어의들의 진언이 끊임없이 이어지자 무슨 일이 있어도 고양이 가죽은 쓰지 않는다는 입장을 다음과 같이 분명하게 못 박았다.

임금께서 말씀하셨다.
"대신들도 진달하였기에 고양이 가죽을 시험해 보려 하였지만, 그 가죽을 보니 몹시 비루하여 시험하지 않았다. 옛적 양무제가 불교에 빠져서 종묘에 희생을 쓰지 않았다가 선현들의 논박을 받았다. 임금의 일은 마땅히 시작에 신중해야 하나니, 내가 어깨가 아파 고양이 가죽을 써서 상의원에 이를 들이게 하면 여염의 사람들도 분명 고양이 가죽을 담병의 특효약으로 여겨 모두가 그 가죽을 쓸 것이다. 이 폐단도 몹시 걱정할 만하기에 단지 입지 않을 뿐 아니라 궁중에 내리지도 않는 것이다."

김재로가 말하였다.

"당묘唐猫의 가죽은 예사 고양이의 가죽과 다른데, 남들이 효과를 본 바도 많으니 시험하심이 어떠하나이까?"

임금께서 말씀하셨다.

"옛사람의 시에 이르길 '궁중에서 올린 머리를 좋아하니, 사방이 높이 한 자'라고 하였다.* 내가 이 고양이 가죽을 썼다가는 그 폐단이 무궁할 것이며, 장차 씨가 마를 지경에 이를 것이다. 당묘의 가죽이라면 예사 고양이의 가죽과 다를 듯하나, 내가 궁중에서 고양이들이 궁궐 담장 사이를 오가는 일을 늘봤으니 살생을 멀리하는 뜻에서 차마 그 가죽을 담병에 쓰지는 못하겠다."

---

* 범엽의 《후한서》에 나오는 이야기다. 후한 장제 때 명덕태후가 근검절약을 널리 권장하자, 태후의 오라버니 마료가 이 구절을 들며 풍속을 바꾸려면 궁중에서 먼저 모범을 보여야 한다고 강조했다고 한다.

김재로가 말하였다.

"성상의 호생지덕好生之德이 지극하시나, 그저 병에 이로운 지 여부만 시험하심이 어떠하나이까?"

임금께서 말씀하셨다.

"차마 그러지 못하겠다."

_《승정원일기》1737년 5월 22일

궁궐 담장을 거니는 고양이들이 눈에 밟힌 영조는 차마 쓰지 못했지만, 당시 사람들은 고양이 가죽을 어깨와 팔의 통증에 효과가 있는 일종의 '파스'로 쓰고 있었다. 기본적으로 어깨 결림은 근육을 따뜻하게 찜질해 주면 완화되기 때문에 이와 비슷한 차원에서 민간요법으로 자리 잡았을 가능성이 크다. 하지만 왜 다양한 동물 가운데 하필이면 고양이 가죽이 사용되었던 것일까? 주술적으로 생각하면 고양이의 신비로운 힘을 빌린다는 믿음이 있고, 그 믿음이 사람들에게 심리적 안정을 가져다줬을 가능성이 있다. 또한 18세기 즈음 고양이는 흔한 동물이 되어 있었기에, 약재로 사용하는 일도 덩달아 빈번해졌을 것이다.

고양이 가죽 처방은 그 뒤로도 민간에 꾸준히 전수되어, 조선 말의 사회상이 기록된《하재일기》에도 등장한다.

> 어깨와 팔의 통증에 고양이 가죽을 쓰려고 운루雲樓 뒤에 덫
> 을 놓았더니, 밤이 깊어서 큰 고양이 한 마리가 덫에 걸려 잡
> 았다.
>
> _ 지규식,《하재일기》1906년 12월 8일

그나마 다행스럽게도 영조의 걱정과 달리 사람들이 고양이를 마구잡이로 잡아 대는 일은 벌어지지 않았다.《하재일기》에는 고양이 가죽만이 아니라 시래기·솔잎·소변 등 여러 재료를 이용한 찜질로 어깨와 팔의 통증을 다스리는 풍경이 나오는데, 이렇게 다양한 대체 요법이 고양이에게 가해지는 압박을 분산시킨 덕으로 보인다. 고양이를 해코지하면 응보를 받는다는 미신을 어기면서까지 고양이를 죽이는 것도 그리 달가운 일은 아니었으리라.

다만 이후 시간이 흐르며 숙종과 금손의 기억이 희미해지자 왕실에서 고양이의 위상은 점차 낮아져 갔다. 당장 영

조의 뒤를 이어서 즉위한 정조는 고양이에 대해 상당히 냉담했다. 규장각에 근무한 신하들이 정조의 말을 기록한 〈일득록〉에 따르면, 정조는 고양이 한 마리가 쥐를 잡아다 지붕처마로 올라가서 삼키는 모습을 보더니 "범이 물어뜯고 매가 움켜쥐며, 솔개가 낚아채고 고양이가 사냥하는 것은 참으로 본성이고 직분이다. 하지만 나는 그처럼 생명이 생명을 해치는 모습을 보고 싶지 않다"라고 말하면서 고양이를 급히 쫓아버리게 했다고 한다. 숙명공주에서 숙종으로, 숙종에서 영조로 이어진 왕실의 애묘인 계보는 이로써 마침표를 찍게 되었다.

금빛 고양이, 얼룩 고양이, 까치 고양이

오늘날 고양이를 털빛과 무늬에 따라 '고등어'라거나 '턱시도' 등으로 부르는 것처럼, 조선시대에도 비슷한 방식으로 고양이의 종류를 구분하는 말이 있었다.

그 가운데 가장 먼저 찾아볼 수 있는 표현은 '금빛 고양이'다. 노란색은 가장 원시적인 털빛이기에 이 고양이들은 아주 이른 시기부터 한반도에 살고 있었을 것이다. 지금은 '치즈'라고 부르는데, 옛사람들은 이를 한자로 금묘金猫나 금색묘金色猫라고 적었다. 금빛 고양이들은 부유함과 고귀함의 상징인 황금을 연상시킨다는 점에서 사람들의 인기를 끌었던 것으로 추측된다. 특히 왕실 사람들과 관련이 깊어서 조선 초기의 양녕대군, 조선

후기의 숙종이 모두 이 고양이와 인연을
맺었다.

　다음으로 '흰 고양이[白猫]'의 존재는
14세기의 〈문인아집도〉(104쪽)에서 처
음 감지된다. 이것은 한국 최초로 그려진
고양이 그림이자, 고려 문인들이 이상으로
생각하던 삶의 모습을 묘사한 그림이기도 하다.
이로부터 늦어도 고려시대에는 한반도에 흰 고양이가 있었고
　　　　문인들의 생활에 어울리는 우아하고 귀족적인 존
　　　　재로 여겨지고 있었다고 볼 수 있다. 15세기
　　　　에 성현도 자신이 키우던 흰 고양이에게
　　　　바치는 헌사에 눈처럼 하얀 털을 칭송하
　　　　는 대목을 넣은 바 있다.

　　　　　반대로 카오스Chaos, 삼색이, 칼리코
　　　　Calico라고 부르는 '얼룩이'는 여러 색깔이
　　　화려하게 섞여 있어 순수한 색을 좋아하던 조
선시대 사람들이 선호하는 종류가 아니었다. 따라서 시나 수필
에는 거의 나타나지 않고 오히려 그림에 곧잘 등장하는데, 사

람들의 선호와 무관하게 종종 그려졌다는 사실은 역설적으로 얼룩이가 그만큼 주위에 흔했음을 알려 준다. 글로는 정조 때의 실학자 이덕무李德懋가 쓴 《청장관전서》에 유일하게 "고양이나 개 종류의 털이 잡색인 것을 모두 얼룩이[騮]라 한다"라는 말이 남아 있다.

그러면 '검은 고양이[黑猫]'는 어땠을까? 검은 고양이에 대한 기록 자체는 고대까지 올라가며, "검은 아기 고양이를 얻다"라는 이규보의 시로 미루어 일찍부터 검은 고양이가 있었던 것은 분명하다. 그럼에도 불구하고 검은 고양이가 지금의 '고등어 태비'를 가리키는지, 아니면 '턱시도'를 가리키는지 구분할 방법은 묘연하다. 조선 후기 그림들에 턱시도와 고등어 태비가 모두 자주 등장하는 것을 봤을 때, 검은 고양이는 이 둘을 두루 가리키는 말로 쓰이지 않았을까.

가장 재미있는 말은 단연 '까치 고양이[鵲猫]'라는 표현이다. 조선 성종 때의 문신인 이륙李陸이 쓴 글에는 "늙은 계집종이

고양이를 얻어 왔는데, 검은 몸에 흰 가슴이라 세간에서 말하는 까치 고양이란 놈이었다"라는 대목이 등장한다. 글에 묘사된 고양이의 모습이나 까치에 비유된 것으로 봐서 이는 턱시도를 가리키는 말이 분명하다. 이행李荇이라는 사람이 쓴 시에도 "동쪽 집의 검푸른 까치 고양이"라는 구절이 있어, 조선 중기에 이 표현이 널리 쓰이고 있었다는 사실을 방증해 준다. 말하자면 검은 고양이의 하위 분류로 까치 고양이라는 말이 쓰인 것으로 보인다.

격동하는
시대
속에서

오원烏員은 이로 말미암아 교만해지고 동류를 해쳤다.

그리고 사냥꾼 노령盧令과 서로 사이가 좋지 않아 싸울 때

노령이 주먹으로 그를 갈기면 오원은 노령의 힘을 당해

내지 못하였다. 노령이 그의 뺨을 때리자, 크게 노한 오원이

임금에게 하소연하였으나 임금은 못마땅한 얼굴로 말렸다.

"오정후가 저 사냥꾼에게 얻어맞았으니 무엇에 쓰겠는가."

이로부터 오원에 대한 임금의 사랑이 서서히 쇠하였다.

게다가 나이가 늙자 얼굴이 옹졸해진데다 졸기를 좋아하여

군소배를 제어하지 못하니 임금이 그를 미워하기에

이르렀다. 하루는 좌우에 모시고 있었는데 임금이 마침

일어나 뒷간에 갔다. 오원이 가만히 수라상 위에 있는 고기

적을 씹다가 임금이 들어오는 것을 보고는 평상 밑에 들어가
숨었다. 이를 본 임금이 크게 노하여 소리쳤다.

"저 쥐 같은 하찮은 도적은 잡지 못하고, 도리어 쥐 도둑을
흉내 낸다는 말이냐?"

임금이 곧 불경죄로 다스려서 오정후의 인印을 빼앗은 다음
그를 가죽 자루에 넣어 길가에다 버리게 하였다. 오원은
겨우 몸을 빼내 남의 집에 붙어서 밥을 얻어먹었다. 그러나
도둑질을 잘했으므로 사람들이 모두 그를 미워하게 되었다.
얼마 후 오원은 병들어 죽었지만 그의 자손이 번성하여 온
나라 안에 두루 살고 있다.

_ 유본학,《오원전》

골칫거리가 된
고 양 이

조선의 모든 사람들이 고양이를 사랑한 것은 아니었다. 고양이를 교정하려 했던 박인의 글에 묘사되는 것처럼 "닭을 잡아다가 뜯어먹는" 고양이는 때론 "집안사람들이 괴로워하며 회초리로 등을 때리는" 동물이었던 것이다.《성호사설》을 비롯한 여러 글에도 사람들이 도둑고양이[偸猫]를 잡아 죽이려 했다는 말이 나오는 것으로 미루어 녀석들에 대한 적의는 몇몇 사람에 국한되지 않았다. 선비들의 일상을 보여 주는 일기에서도 고양이는 그다지 긍정적인 모습으로 등장하지 않는데, 그 가운데《계암일록》의 기록은 몹시 적나라하다.

저녁에 고양이가 난리를 피워 부득불 노하여 여종을 매질하였다. 대개 그가 제물祭物을 관리하는 것이 지저분하고 삼가지 않았기 때문이다. 밤이 되어 잠자리에 들려는데, 고양이가 또 이불 속에 (새끼를) 낳았으므로 더욱 노하여 매질을 더하였다. 칠정七情의 발동 가운데 분노가 가장 통제하기 어렵다 하였으니, 선현이 어찌 나를 속이겠는가. 아프게 반성해야 한다.

_ 김령, 《계암일록》 1626년 3월 7일

특히 18세기에 고양이의 숫자가 불어나면서 사람과의 마찰은 더욱 빈번해지고 불가피해졌다. 이 시기의 자료를 살펴보면 유난히 닭을 훔쳐 가는 고양이가 자주 나온다. 김득신의 〈파적도〉가 그 예다.

이러한 현상은 19세기에 더욱 심화되어 작자 미상의 《신축년일기》에는 밤사이 고양이가 닭을 물어 갔다는 기록이 네 달 사이 두 번이나 등장한다. 강진에 유배되어 있던 정약용도 "고양이 노래[狸奴行]"를 지었는데, 남산골의 촌로가 기르는 고양이가 "밤마다 초당에 둔 고기를 훔치면서 장독을

김득신의 〈파적도〉

18세기, 종이에 채색, 22.5×27.1cm, 간송미술관 소장

헤집고 단지를 뒤엎고 술잔까지 뒤진다" "큰 화살로 손수 너를 쏴 죽이고, 쥐들이 오가거든 차라리 사냥개를 부리리라"라며 고양이를 부정적인 소재로 사용했다.

근대로 오면 김윤식金允植이라는 인물의 일화가 눈에 띈다. 그는 고종 18년(1881)에 청나라로 파견되어 중국의 근대화 과정을 견학하고, 이후 갑오개혁에 참여해 근대사에 뚜렷한 족적을 남긴 사람이지만 관직을 얻기 전에는 의외로 빈궁하게 살았다고 한다. 이 시기 김윤식은 마당에서 키우는 닭들이 번번이 고양이에게 물려 가는 바람에 골치를 썩었는데, 그 일로 아내가 걱정하자 "옛말에 말을 기르면 닭과 돼지를 돌보지 않고, 얼음 쓰는 집은 소와 양을 기르지 않는다고 하오. 하늘이 혹시 내게 작은 이익을 이익이라 여기지 말라는 뜻은 아니겠소?"라고 이야기했다. 아내는 이 말을 대수롭지 않게 넘겼으나 10년이 지나지 않아 김윤식이 정말로 관직에 나아가 얼음을 받게 되자 예전에 들은 말을 떠올리고 웃었다고 한다. 물론 김윤식도 사람인지라 마음이 편치 않았는지 고양이를 나무라는 시를 한 수 남겼다.

들고양이 못된 짓 마음대로 하고 다녀

크고 하얀 수탉을 붙잡은 채 달아났네

이로부터 창가에서 아침저녁 잠 못 들고

꿈에서도 그저 종 치는 시간만 기억하네

_ 김윤식,《운양집》"닭장 속 닭이 들고양이에게 물려 가다[柵鷄被野猫
拖去]"

갈수록 심화된 고양이와 인간의 갈등은 마침내 더욱 폭력적인 방식의 대응으로 이어졌다. 이재의라는 선비가 쓴 "고양이 잡는 이야기"에 따르면 고양이가 집에서 고기를 도둑질할 뿐 아니라, 서넛씩 무리 지어 다니면서 밤마다 싸우니 그 소리가 만상萬狀이어서 잠들 수 없는 지경이었다고 한다. 참다못한 이재의는 주변 사람의 조언에 따라 고양이 잡는 덫을 만들었고, 이 장치가 얼마나 효과가 뛰어났는지 순식간에 고양이 두 마리가 잡혀 죽었다. 이로써 며칠 사이에 집 주위에서 고양이가 사라졌다고 한다.

고양이의 지위 하락은 비슷한 시기 유럽에서도 일어났다. 스티븐 부디안스키Stephen Budiansky가《고양이에 대하여》

FIRST STAGE OF CRUELTY.

영국의 판화가 윌리엄 호가스가 제작한
〈잔인함의 4단계〉 중 1단계

사람들이 고양이와 개를 다양한 방법으로 학대하고 있다.
학대는 큰 동물, 타인 순서로 점차 확장되다
학대자 자신이 해부용 시체가 된다는 결말로 끝난다.

에서 적은 것처럼 "귀한 동물로 대접받고 재산을 상속받기까지 하던 고양이는 18세기쯤에는 유럽 각 도시에 넘쳐 나는 귀찮은 존재로 전락했다. 버려진 건물이나 지하실, 쓰레기장, 공공장소 등 사방에 자리를 잡고, 밤이면 정적을 깨며 귀찮게 울어 대는 반갑지 않은 존재"가 된 것이다. 유럽에서 발정 난 고양이들의 울음소리가 '사바트Sabbath'라는 마녀들의 모임으로 간주되어 파리 인쇄공들의 고양이 학살로 이어진 사실은 조선의 이재의가 고양이 소리에 터뜨린 불만과 일치하는 구석이 있다.

조선 후기에 고양이를 배척하는 현상이 두드러진 것은 단순히 개체 수가 증가해서만이 아니었다. 인구가 밀집되며 도시라는 하나의 거대한 소비 주체가 등장한 뒤 창고의 쌀을 갉아먹는 쥐의 심각성도, 그 쥐를 잡아 주는 고양이에게 느끼는 고마움의 크기도 줄어들었기 때문이다. 쌀이 귀중한 노동의 산물이자 생계였던 농촌에서와 달리 도시에서 쌀이란 돈을 주고 사면 그만인 상품이었다.*

또 한 가지 원인은 육식 문화의 성장이다. 상업이 발달하고 부가 축적되면서, 이에 상응해 육식에 대한 수요와 공급도 확대되었다. 가난한 양반이 마당에서 닭을 기르고, 재야의 선비가 집안에 고기를 쌓아 두고, 유배객조차 주위에서 고기를 구할 수 있었던 것이다. 박제가는 《북학의》에서 "우리나라가 날마다 죽이는 소가 500두"인데, 한양에 푸줏간이 스물네 곳이고 각 고을에서도 하루에 한 마리 꼴로 소를 잡는다고 적은 바 있다. 육식 동물인 고양이는 고기가 넘쳐 나는 인간의 주방에 눈독을 들이지 않을 수 없었고, 필연적으로 사람들의 미움을 사게 되었다.

여러 요소가 중첩되면서 고양이는 한때 누군가의 사랑을 받은 사실조차 잊혀진 채 사람들 곁에서 점차 사라져 갔다. 심지어 개항기에 이르면 단순한 도둑을 넘어 요물이자 괴물

---

*　농촌에서 고양이의 중요성은 경상도에서 고양이를 부를 때 쓰는 '살찐이'라는 말을 통해 짐작해 볼 수 있다. 사람의 손에 자란 매를 수지니[手陳-], 산에서 자란 매를 산지니[山陳-]라 부르는 것에 비춰 보면, '살찐이'는 창고 주변에 머물며 쌀을 지키는 '쌀지니[米陳-]'에서 유래한 말이라고 하겠다. 일각에서는 '길들인 삶'이라는 뜻으로 보기도 하지만, 산지니와 수지니는 그 동물이 자란 공간적 환경에 '묵다'라는 의미를 지닌 '진陳'을 결합시켜 만든 말이다. 따라서 같은 규칙을 적용하면 '삶진이'에는 길들인 삶이라는 의미가 성립하지 않는다.

로까지 인식되었고, 한 시대를 풍미하던 고양이 사랑은 흔적조차 찾기 어렵게 된다. 1883년 한양을 찾은 퍼시벌 L. 로웰Percival L. Lowell은 《고요한 아침의 나라, 조선》에 "밤이 되면 장안은 온통 개들 차지다. 그들은 밤 귀신처럼 빛이라곤 전혀 없는 거리의 어둠 속을 이리저리 어슬렁거린다. 조선에서 개는 서양의 고양이와 마찬가지로 밤거리의 수호신이다"라고 적었다. 전성기에 수백 마리를 헤아리던 한양의 고양이들은 모두 어디론가 떠나가버린 것이다.

한국에는 개가 많고 고양이가 적다. 아무도 고양이를 사랑하지 않는다. 고양이는 나쁜 동물이며 개는 충직하다.
_ 윌리엄 E. 그리피스, 《무례한 호랑이와 기타 한국 민담집》

콜레라 잡는
고양이 부적

고양이와 사람 사이의 거리가 멀어지자, 사람들이 고양이를 보고 느끼는 신비로움은 그만큼 강렬해졌다. 조선 말의 흉흉한 사회 분위기는 이 추세에 기름을 붓는 격이었다. 특히 서양의 문물과 함께 조선에 들어온 콜레라는 괴질怪疾 또는 호열자虎列刺라 불리며 아직까지 위생 관념이 열악하던 조선을 그야말로 초토화에 가깝게 휩쓸었다. 지금은 마시는 물을 통해 콜레라가 전파된다는 것을 알기에 비교적 간단히 막을 수 있는 질병이지만, 당시는 눈에 보이지 않는 세균이 전염병의 원인이라고는 상상도 못 하던 시절이었다.

원래 인도의 풍토병이었던 콜레라는 동남아시아를 거쳐

1820년 중국 남부에 상륙한 뒤, 급속도로 퍼져 나가 그 이듬해 만주에 이르렀다. 많은 조선 사람들이 만주 남부를 오가며 살고 있었기에 콜레라가 압록강을 건너 조선으로 들어오는 것은 시간문제였다. 7월 말 평양에서 최초로 보고된 콜레라는 전국으로 확산되어 1822년 제주도까지 덮쳤고 이로써 사망한 사람의 숫자는 최소 10만 명이 넘었다. 이후로도 콜레라는 거듭 조선을 괴롭혀 1858년에는 무려 50만 명이 목숨을 잃었다. 1886년에는 사대문 안에서만 6000여 명의 사망자가 발생하면서 고작 두 달 사이에 한양 인구의 2퍼센트가 사라졌다.[*]

원인을 모르는 괴질 앞에서는 임금과 양반도 속수무책이고, 도덕과 예의도 쓸모가 없었다. 죽은 자와 죽어 가는 자가 도처에 널려 있었다. 불안과 공포가 사회 전반을 잠식하고, 사람들은 저마다 알아서 살길을 찾아야 했다. 보통은 문을 잠그고 집에 틀어박힌 채 실낱같은 희망이라면 무엇이든

---

[*] 《일성록》에 따르면 한양 인구는 1885년 19만 6714명에서 1887년 19만 2737명으로 급감했다.

움켜쥐었다. 이러한 분위기에서 괴질에 맞서기 위한 미신과 속설이 사람들 사이에 퍼진 것은 자연스러운 일이었다. 그리고 이 와중에 등장한 것이 바로 '고양이 부적'이다.

갑자기 고양이라니, 고양이가 콜레라와 무슨 상관이 있다는 말인가? 이유인즉 콜레라에 걸린 사람은 주로 다리에 경련이 일어나는데, 이를 '쥐가 났다'고 여기고 쥐 귀신이 다리를 타고 올라와 배 속을 파먹는다고 생각했기 때문이었다. 그래서 사람들은 쥐 귀신이 일으키는 콜레라를 '쥐병'이라 불렀으며 쥐 귀신을 물리치기 위해 고양이를 부르기도 했다. 고양이를 되도록 무섭게 그려서 대문 밖에 붙이거나 고양이 우는 소리를 흉내 내며 고양이의 피를 마당에 뿌리고 환자에게 먹이는 등 갖은 방법을 다 썼다. 영문 월간지 〈코리아 리뷰〉는 1901년 서울의 한 마을을 취재하고 다음과 같이 적었다.

서울에서 3마일 가량 떨어진 한강 기슭에 있는 포강Po-gang 이라는 작은 마을은 이 나라에서 콜레라로부터 지극히 안전한 유일한 동네 또는 마을이라는 특별함을 내세운다. 이 한적

고양이 부적

프랑스의 민속학자
샤를 바라Charles Varat가 수집한 것이다.

한 곳의 주민들은 마을 위에 있는 언덕을 가리키며 고양이의
등처럼 생겼다고 이야기한다.

이제 모든 이들은 콜레라의 초기 단계에서 생기는 다리 경련
이 발로 들어와 다리 조직을 통해 올라오는 콜레라 '쥐' 때문
이라는 것을 안다. 그게 아니라면 어떻게 이런 끔찍한 고통이
일어나겠는가?

하지만 고양이의 등에 의지해 사는 것은 그들이 안심할 수 있
게 만들어 준다. 때때로 말하듯 공포가 이 질병에 걸릴 위험
을 증대시킨다면, 이러한 믿음은 확실히 안전하다고 느끼게
함으로써 그들을 더 안전한 상태로 만드는지도 모른다.

_〈코리아 리뷰〉"고양이 목에 방울 달기" 1901년 7월

　물론 조선이 콜레라를 무기력하게 방치하고 있었던 것은
아니다. 정부는 서구 문물을 적극 받아들이며 콜레라와의
전쟁에 뛰어들었다. 1885년 선교사이자 의사인 호러스 N.
알렌Horace N. Allen이 고종의 지원으로 제중원濟衆院을 세
워 말라리아 등 각종 전염병에 대처했고, 이를 통해 근대적
방역의 실효성을 목격한 조선 정부는 1895년에 다시 콜레

호러스 N. 알렌(위)과 올리버 R. 에비슨(아래)

라가 유행하자 올리버 R. 에비슨Oliver R. Avison을 중심으로 한 방역국防疫局을 조직해 신속한 대응에 들어갔다.

방역국은 한양 주위에 검역소와 피병원避病院(격리 병원)을 세우고, 한글로 쓴 위생 수칙을 널리 배포해 콜레라 예방법을 알리는 데 힘썼다.

콜레라는 악귀에 의해 발병하지 않습니다. 그것은 세균이라 불리는 아주 작은 생물에 의해 발병합니다. 이 살아 있는 균이 우리 몸에 들어오면 그 수가 급격히 증가하면서 병을 일으킵니다. 콜레라를 원치 않는다면 균을 받아들이지 않아야 합니다. 이를 위해 음식은 반드시 끓이고, 끓인 음식은 다시 감염되기 전에 먹어야 합니다. 갓 끓인 숭늉을 마셔야 합니다. 담수를 마실 때도 끓여서 깨끗한 병에 넣어 두어야 합니다. 언제 감염될지 모르니 식사 전에 반드시 손과 입안을 깨끗이 씻으십시오. 이상의 사항을 준수하면 콜레라에 걸리지 않습니다.

_1895년 에비슨이 작성한 공고문

이러한 노력에도 불구하고 근대적 방역은 한양에 집중되

어 있다는 점에서 근본적인 한계가 있었다. 한양은 콜레라의 온상이던 비위생적 도시 환경을 1896년에 강력히 정비했지만, 지방에도 같은 사업이 실시되기는 힘들었다. 결국 조선이 대한제국이 되고, 대한제국이 일본에 병탄된 이후에도 콜레라는 계속 조선을 괴롭히는 질병으로 남았다. 일본 본토에서도 콜레라가 퍼지면 수천 명이 집단으로 감염되어 죽어 나가는 마당에 식민지 조선이라고 사정이 나을 리 없었던 것이다.

조선총독부는 '위생경찰'과 '위생조합'을 설립해 조선 사람들에게 위생적인 생활 방식을 일방적, 강압적으로 주입해 나갔다. 그러나 고양이의 힘으로 질병을 치료할 수 있다는 믿음은 그렇게 쉽게 사라지지 않았다. 오히려 콜레라만이 아니라 다른 질병까지 고양이가 물리쳐 주리라는 믿음이 파생되었다. 1920년대 조선총독부가 각지의 민간요법을 수집한 자료에는 장티푸스와 페스트 같은 전염병에도 고양이 부적이 사용되고 있었음을 보여 주는 대목이 있다.

장티푸스가 유행할 때는 호박에 사람의 얼굴을 그린 뒤 문에 걸어 두면 병마의 침입을 예방할 수 있다. 또는 편지에 고양이 그림을 그려서 문에 붙여 두면 병독이 침입하지 못한다는 미신이 있다.

_ 경기도 경무부 위생과, 〈위생에 관한 풍습 및 미신요법〉 1929년 3월

콜레라와 페스트 등의 독한 전염병은 고양이 고기를 먹거나 고양이의 혈액을 마당에 뿌리면 치유된다. 또 고양이 그림을 그려 문 앞에 붙인다.

_ 충청북도 위생과, 〈위생에 관한 풍습 및 미신요법〉 1929년 4월

민간요법에 대한 사람들의 신념은 3·1운동으로 고조된 반일 감정과 결합되면서 조선총독부의 방역 정책을 향한 반발로 나타나기도 했다. 하지만 근대적인 방역 정책이 지방에 적용되어 성과를 거두기 시작하자 그것을 본 사람들의 생각도 점차 바뀌어 갔다. 서양에서 들어온 의학에 대한 신뢰가 높아지면서 콜레라가 귀신의 소행이라거나, 고양이가 콜레라를 잡는다는 말은 정확한 과학적인 상식으로 대체되었다. 1930년대에 이르면 더 이상 콜레라를 '쥐병'으로 일컫

는 기록이 나오지 않는다. 콜레라는 이제 귀신이 일으키는 질병이 아니었고, 그에 따라 고양이와 관련된 믿음도 완전히 퇴색했던 것이다. 지금은 그저 잠시 지나가는 마비 증상을 '쥐가 났다'는 관용구로 일컬을 뿐이다.

서양 고양이,
바　　다　　를
건　　너　　다

바다를 건너 사람과 문물이 교류한 근대는 한반도의 고양이에게도 다른 혈통이 유입되는 시기였다. 당시 유럽에서는 배의 밧줄과 돛, 식량을 갉아먹는 쥐를 잡기 위해 고양이를 배에 태우고 다니는 함재묘ship's cat 관습이 있었는데, 이 고양이들이 조선 땅을 밟은 것이다.

개항기에 조선을 찾은 서양인 선교사나 외교관들이 자신의 선호와 필요에 맞는 고양이를 데려와 조선에 정착시킨 사례는 조선에 근대적 방역을 보급한 알렌이 남긴 《조선풍물지》에서 찾아볼 수 있다. 알렌은 "내가 미국 배에서 외국산 고양이 한 마리를 얻어 품종이 좋은 놈들을 번식시켰더니 우

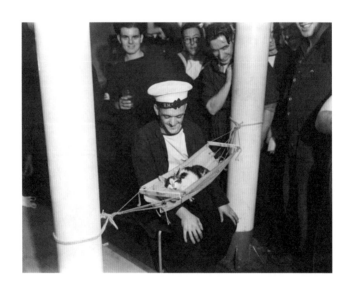

함재묘
———
배에 고양이를 태우는 것은
중세의 바이킹까지 거슬러 올라가는 유서 깊은 관습이다.
함재묘는 선원들이 길고 힘겨운 항해를 견딜 수 있게 도와주는 동반자였다.

리 집과 친구들의 집에서 쥐가 사라졌다"라고 회고한다.

그러나 사람에게 길들여지지 않은, 소위 '문명화'되지 않은 길고양이에 대한 적대감은 알렌도 근대의 많은 사람들과 다르지 않았다. 심지어 자신이 살고 있는 집 근처의 폐가 지붕을 차지한 길고양이들을 죽이기 위해 고기에 맹독성 물질인 '스트리크닌'을 섞어 놓아두기도 했다. 이 과정에서 그는 애꿎은 까치 몇 마리가 스트리크닌을 삼키고 나무에서 떨어지는 것을 볼 수 있었다. 다른 많은 까치들이 주위에 모여들어 쓰러진 동료를 관찰하거나 부축하기까지 했고, 알렌은 "그것이 너무나 인간 같아서 나는 그들이 날 살인죄로 고발할 것 같은 섬뜩한 느낌을 받았다"고 한다.

더군다나 사람에게 길들여진 고양이라도 집을 나가 길고양이가 되는 일은 다반사였다. 알렌이 키우던 검고 큰 고양이도 밤중에 새 둥지를 찾아 지붕을 긁어 대기 시작하면서 성가신 존재로 바뀌었다. 그는 잠옷 차림으로 뛰쳐나가 지붕에 돌을 던져 고양이를 쫓아내기도 했다. 아들에게 보낸 편지에는 파양에 대한 고백도 있다. "위생을 위해 이 고양이를 시골로 보냈다. 그러지 않으면 성가시게 굴기 때문에 약을 줘야만 한다. 찰리는 고양이를 죽이면 집에 불행이 온다고 믿고 있어서, 내가 고양이를 죽였다는 말을 듣고 싶지 않아 하는 것 같다."

길고양이에 대한 경계는 구한말의 고양이가 종종 사람의 생명을 위협하기도 했다는 사실에 기인한다. 공수병恐水病은 흔히 광견병이라고 할 만큼 주로 개를 통해 감염되는 병이지만, 길고양이도 이 바이러스를 보유하고 있었기 때문이다. 실제로 1901년 12월 22일 영국 공사관을 경비하던 존 J. 뉴웰John J. Newell은 야생 고양이에게 물린 뒤 공수병으로 투병하다 목숨을 잃었다. 고작 36세였던 그는 아내와 두 딸을 남긴 채 크리스마스이브를 기해 양화진 선교사 묘역에 안장되었다. 조선이 공수병에 대처할 수 있게 된 때는 콜레라 방역을 담당했던 에비슨이 1903년에 나가사키의 파스퇴르 연구소를 방문해 백신을 가져온 뒤의 일이었다.

조선이 일본의 식민지로 전락하면서 일본 사람들도 상당한 수의 고양이를 조선으로 데려왔다. 비슷한 시기 일본에서는 이미 고양이 애호의 열기가 고조되고 있었는데, 그 영향으로 조선에서 발행하는 신문에 일본의 '물구나무서는 고양이'나 '사람의 말을 알아듣는 고양이'가 보도되기도 했다.

1920년대의 신문 기사는 조선으로 온 일본 사람들이 고양이를 기르던 모습을 보여 준다. 1922년 〈동아일보〉에는 호남선 두계역장이던 야마자키 소아山崎宗阿가 자신이 기르는 고양이에게 물려 공수병으로 사망한 소식이 보도되었고, 이듬해에는 서울 본정(지금의 충무로)에서 화재가 일어났는데 범인을 잡고 보니 노부부가 키우던 고양이더라는 웃지 못할 사건도 있었다. 지금도 종종 고양이가 인덕션을 작동시켜 화재로 이어지는 일이 있는데 당시도 사정이 별반 다르지 않았던 모양이다.

> 그날 새벽에도 주인이 자는 틈을 타서 심심한 김에 장난을 하고자 진열실에 들어가서 아래위로 뛰어다니면서 진열하여 놓은 장난감을 온통 땅바닥에 떨어뜨렸는데, 마침 그때 불도 잘 붙고 폭발성까지 있는 여러 개의 인형이 화로 속에 떨어져 그만 폭발이 되며 고양이의 장난을 따라 인형이 뒤를 이어 화로에 떨어지면서 그같이 적지 않은 화재를 일으키게 된 것이라는데, 그 고양이는 불이 커지자 즉시 몸을 피하여 터럭만

신문에 실린 고양이 사진들

시각 매체는 고양이의 매력을 대중적으로 전파하는 가장 강력한 통로였다.
한국 고양이의 첫 사진은 '줄임은 고양이에게도'라는 제목으로
1924년 〈시대일보〉에 실렸다. 〈동아일보〉에도 종종 '어엽분 고양이'나
'맘마가 먹고십흔 고양이' 같은 사진이 기사 가운데 큼지막하게 들어갔다.
편집장이 고양이라면 사족을 못 쓰는 애묘인이 아니었을까.

조금 그을리고 몸은 아주 무사하여 조사하기 위하여 출장하
였던 본정서 스가누마菅沼 부장을 보고 용서하여 달라는 듯
이 "앵앵" 울기만 하였다더라.

_〈동아일보〉"본정 화재의 방화범은 고양이" 1923년 11월 20일

다만 식민지 조선의 궁핍한 현실에서 일본 사람들이 주도
하는 고양이 애호는 조선 민중의 호응을 얻기 힘들었고, 때
로는 이것이 조선 사람과 일본 사람 사이에 벌어지는 마찰
의 원인이 되기도 했다. 〈동아일보〉에서는 일본 사람이 키
우는 고양이를 조선 사람이 함부로 대한 사건이 패싸움으로
번졌다는 기사까지 찾아볼 수 있을 정도다. 바다 건너 들어
온 고양이들은 아직까지 일본 사람의 고양이였지, 조선 사
람의 고양이는 아니었던 것이다.

그 자세한 폭동의 진상을 듣건대, 지난 4일 오후 2시경에 임
자도 어부 우명길禹明吉(42)이가 고기를 잡으러 나가는 길에
일본인 색주가 기노시타木下彌一의 집 문 앞을 지날
즈음에 길가에서 기노시타의 집고양이가 방정맞게 울고 있

으므로 우명길은 고양이가 울면 재수가 없다고 맥주병을 들어 때리었으나 고양이는 맞지 않고 기노시타의 집 문간으로 들어갔으므로 집 안에서 소리를 들은 일본 여자 색주가 2명이 즉시 내달아 우명길과 말다툼이 일어나자 마침 지나던 일본인 2~3명은 싸움을 말리는 체하고 덤비어서 큰 싸움이 되야…

_〈동아일보〉 "임자도의 어부 100여 명 경관 출장소를 포위" 1920년 9월 11일

▲ 일전 황해도 서산瑞山에서 일본 사람의 떼가 조선 사람 하나를 때렸다. ▲ 사람의 맞은 죄는 고양이에게 장난을 하였다는 『큰 죄』 ▲ 개 쫓았다고 사람을 차 죽이는 경관이 있는데 고양이를 장난하였다고 모두 매를 치는 백성이 없을라구

_〈동아일보〉 "휴지통" 1924년 10월 24일

근대 문학의
세 계 로
폴   짝

일상 속의 골칫거리인 동시에 요망하고 기이한 존재였던 고양이는 문학의 세계에서 어떤 시선을 받고 있었을까? 1908년 〈대한매일신보〉에 실린 "여호[여우]와 고양이의 문답"이라는 우화를 보면, 생각보다 부정적인 모습은 아니다.

> 여우가 고양이더러 말하되, "네가 지혜와 재능이 모두 우리
> 만 못하고 지위와 세력이 우리만 못하니, 너의 여러 자손을
> 모두 내게 맡기면 내가 실심으로 보호하고 성력으로 교도하
> 여 우리와 같이 행복을 누리게 할지니, 너는 나를 일호라도
> 시기하지 말고 단단히 믿으며 나를 항거치 말고 기꺼이 환영

할지어다. 만일 네가 내 말과 같이 아니하면 필경 다른 중생에게 침해를 당하여 멸망을 면치 못하리니, 네가 지금 내 말을 듣지 않으면 후회막급하리라" 하거늘…

_〈대한매일신보〉 "여호와 고양이의 문답" 1908년 3월 27일

이 시점에 대한제국은 을사조약으로 외교권을 빼앗기고, 이토 히로부미가 주도하는 통감부까지 설치되어 일본의 식민지로 전락할 일이 눈앞에 닥친 상황이었다. 와중에도 꿋꿋하게 독립성을 지키고 있던 〈대한매일신보〉는 일본을 빗댄 '여우'와 한국을 빗댄 '고양이'의 입을 빌려 암울한 시국을 풍자하고 일본의 야욕을 신랄하게 비꼬았던 것이다.

그 뒤 고양이는 동화와 소설의 소재로 꾸준히 등장하면서 사람들에게 서서히 친근한 존재로 다가갔다. 처음에는 창작보다 기존의 이야기를 각색하는 작업이 이루어졌다. 유럽에서 들어온 "장화 신은 고양이"가 한국적으로 번안되어 "삼남이와 고양이"라는 제목으로 1914년 〈매일신보〉에 게재되고 1922년에는 한국의 민담인 "개와 고양이의 구슬다툼"*이 소개되기도 했다. 그러다 1920년대 중반을 지나면

독자적인 창작물이 나타나기 시작하는데, "고양이의 먹을 것"이라는 이야기가 특히 익살스럽다.

> 어떤 새끼 고양이가 어미 고양이에게 "어머니 우리는 무얼 잡아먹어요?" 하고 물었다.
>
> "그렇게 걱정할 것 없다. 너희들 먹을 것은 내가 가르치지 않아도 사람들이 가르쳐 줄 것이다." 어미 고양이는 말하였다.
>
> 그 뒤 어떤 날 새끼 고양이들이 부엌으로 슬그머니 나갔더니, "저 고기붙이들은 모두 뚜껑을 낱낱이 덮어라. 그리고 저 닭과 병아리는 우리 속에 몰아넣어라. 또 고양이가 보면 다 집어먹을라" 하고 주인마누라가 말하였다.
>
> "응 그래! 어머니 말씀이 맞었구나! 우리 먹을 것은 참말 사람이 가르쳐 주는구나!" 하고 새끼 고양이들은 기뻐하였다.
>
> _〈매일신보〉"고양이의 먹을 것(上)" 1930년 8월 1일

---

* 주인이 도둑맞은 구슬을 개와 고양이가 되찾아 오던 중 개의 실수로 고양이가 입에 물고 있던 구슬을 떨어뜨렸다가 다시 찾아 온다는 이야기다. 1889년 출간된 알렌의 《조선민담집》에서 가장 이른 시기의 형태를 찾을 수 있다.

고양이가 문학의 소재가 되는 양상은 시에서도 보인다. 한국 근대시에서 처음으로 고양이가 등장하는 작품인 〈벽모의 묘〉는 1920년에 상징주의 시인 황석우가 발표한 시로, '사막'에 비견되는 고독한 화자의 내면에 '파란 털의 고양이'라는 몽환적인 존재가 침투해 '끓는 샘 같은 사랑'으로 유혹하는 줄거리다. 이 시는 발표되었을 때부터 난해하다는 평가를 받으며 해석이 엇갈리고 있지만, 시의 바탕에 우울과 몽상의 예민한 감수성이 흐르고 있다는 점에는 의견이 일치한다.

어느 날 내 영혼의

오수장(낮잠터) 되는

사막의 우, 수풀 그늘로서

벽모(파란 털)의

고양이가, 내 고적한

마음을 바라다보면서

(이애, 네의

왼갓 오뇌懊惱, 운명運命을

나의 열천(끓는 샘) 같은

애愛에 살적 삶어 주마,

만일, 네 마음이

우리들의 세계世界의

태양太陽이 되기만 하면,

기독基督이 되기만 하면)

_ 황석우, 〈벽모碧毛의 묘猫〉1920년 7월

고양이를 신비롭고 매혹적인 동물로 바라봤던 황석우와 달리, 시인 이장희는 감각적이고 정감 어린 시선으로 고양이를 묘사한 〈봄은 고양이로다〉를 발표했다. 여기서 고양이는 인간과 다른 차원에 존재하는 낯설고 기이한 존재가 아니라, 평화롭고 여유로운 모습으로 생동하는 봄을 누리는 살아 있는 존재다. 이러한 시상은 조선 전기에 서거정이 꽃 그림자 밑에서 졸고 있는 고양이를 보며 지었던 시를 떠올리게 한다.

꽃가루와 같이 부드러운 고양이의 털에

꽃과 고양이

고운 봄의 향기香氣가 어리우도다

금방울과 같이 호동그란 고양이의 눈에

미친 봄의 불길이 흐르도다

고요히 다물은 고양이의 입술에

포근한 봄 졸음이 떠돌아라

날카롭게 쭉 뻗은 고양이의 수염에

푸른 봄의 생기生氣가 뛰놀아라

_ 이장희, 〈봄은 고양이로다〉 1924년 5월

　　다양한 경로를 통해 고양이가 친근한 이미지로 인식되자 평범한 사람들도 고양이를 허물없이 바라보기 시작했다. 이경로라는 17세 청소년이 1927년 〈매일신보〉에 투고한 동요 "고양이"에서, 고양이는 말썽을 부리거나 신비롭고 기괴한 이미지가 아니라 사람들에게 보탬이 되고 주변의 생명을 해치지 않는 '좋은 고양이'다.

　　우리 집 고양인

　　좋은 고양이

곳간의 생쥐는

잘도 잡지만

어여쁜 병아린

다치지 않아요

우리 집 고양인

범빛 고양이

범같이 범같이

생기었지만

귀여운 아기는

물지 않아요

_〈매일신보〉 "고양이" 1927년 2월 27일

근대라는 격동기를 살아가는 사람들 사이에서 고양이는
극과 극을 오가는 다채로운 모습이었다. 누군가는 어두운
조선의 앞날을 고양이에 빗대어 바라봤고, 누군가는 고양이
를 웃음을 주는 이야기의 주인공으로 삼았다. 때로는 기이
하고 베일에 싸인 존재, 때로는 화사하고 생기 넘치는 동물
이었으며 입에 무서운 바이러스가 도사리고 있지만 그보다

더 무서운 콜레라를 막아 주는 영험한 짐승이었다. 그 어떤 동물이 이토록 모순적일 수 있을까? 혼란스러운 근대의 역사는 고양이에게도 사람 못지않게 격동으로 가득한 시기였던 것이다.

고종의 친척인 청안군淸安君 이재순李載純은 구한말에 다양한
관직을 역임하면서 여러 나라의 외교관과 접촉했다. 외교관들
사이에서는 흔히 '뚱보 공Fat Prince'이라 알려졌고, 1895년에
미국인 선교사와 구미 외교관 등과 협력해 을미사변 이후 불안
에 떠는 고종을 도피시키려 한 계획(춘생문 사건)에 동참하기도
했다.

　주한 미국 공사관으로 파견되어 고종의 고문이 된 윌리엄 F.
샌즈William F. Sands는 이러한 이재순이 고양이를 극도로 두려
워하던 모습을 회고록에 생생히 묘사하고 있다.

궁궐에서 근무하던 중 나는 뜰에서 가장 상스러운 소리를 들었다. 달리는 육중한 소리, 내시들의 잔소리, 그리고 조금 꺅꺅거리는 어떤 아이의 웃음소리. 나는 엄 귀비 Lady Om의 아들로 특권을 누리고 있는 그 아기 왕자일 것이라 추측했다.

이재순

황제의 친척인 '뚱보 공'이 방으로 불쑥 들어오더니, 헐떡거리고 땀을 흘리며 "저 아이가 나를 죽일 것이다"라고 힘겹게 말했다. 뒤이어 아기와 그 팔에 안긴 고양이, 그리고 안절부절못하는 내시 무리가 따라왔다. 나는 뚱보 공의 약점이 그를 아프게 만드는 고양이에 대한 매우 강한 혐오임을 알게 되었다.

한번은 공사관에서 열린 만찬에서 그가 기절하는 것을 봤는데, 커튼 뒤에 숨어 있던 새끼 고양이 때문이었다. 그는 볼 수 없었지만 그곳에 있다고 느낀 것이다. 내가 그를 괴롭히는 것을 치우고 노신사를 진정시키자, 그는 내가 자신의 친구이고 누구보다 소중함을 알기에 뭔가 특별한 일을 해 주고 싶어서 나를 보러 오던 길이라고 말했다.

_ 윌리엄 F. 샌즈,《극동회상사기》

중간에 고양이가 그를 아프게 한다는 서술이 있는 것으로 미루어 보면, 혹시 이재순은 고양이 털 알레르기가 있었던 것이 아닐까? 아무리 조선 사람들이 고양이를 요물로 본다고 해도, 그의 반응은 분명히 지나친 감이 있기 때문이다. 알렌도 공사관 만찬에서 고양이 때문에 기절한 한 고관의 모습을 목격하고 기록으로 남겼는데, 아마 이 사람도 이재순일 가능성이 커 보인다.

고양이는 그렇게 보편적이지 않고, 우리처럼 가내 애완동물로 삼지도 않는다. 일부 주민들은 우리가 뱀에게 그런 것처럼 고양이에게 큰 반감이 있다. 나는 외국 공사관에서 만찬을 하다 우연히 집고양이가 방으로 들어오자 한국의 고위 관료들이 기절해버리는 것을 두 차례 봤다.

이 가운데 한 사람은 내 곁에 앉아 있었는데, 한순간 갑자기 그의 넓은 모자챙이 떨어지며 안경을 뒤틀고, 그의 얼굴은 접시에 떨어졌다. 나는 그를 바깥으로 옮겼고, 공기를 쐬어 회복된 그는 '고양이'를 의미하는 토착어(한국어)를 외쳤다.

새끼 고양이는 눈에 띄지 않게 식당 안을 거닐다, 이 한국인이 평소 여주인이 앉던 곳에 앉자 그의 넉넉한 가운에 기어올라가서 무릎에 자리 잡았던 것이다. 익숙지 않은 장소에서 식탁 아래 당신의 무릎에 똬리를 틀고 있는 뱀을 봤다고 상상해 보면, 당신도 이 한국인을 이해하게 될 것이다.

_호러스 N. 알렌, 《조선풍물지》

공존을
향한
발걸음

고양이와 개도 이제 제 몫을 하려는 때가 왔나 보다.
평소에는 개가 도둑을 잘 막아 준다고 해서 이를
기르는 보람이 있고, 또 고양이는 사람과 곧잘 어울려
준다고 해서 이를 아껴 준 풍습이 있다. 그러나
고양이와 개, 너희들도 이제 눈이 있고 귀가 있고 입이
있거든 보고 들은 대로 제발 말문을 열어다오. 만물의

영장이라고 뽐내는 사람의 눈 귀 입은 고사하고 그

영특하다고 뽐내는 지식과 판단력까지도 믿을 수가

없기 때문이다. 너희들만이 착하고 순진할 뿐만

아니라 그 착하고 순진함을 이제 우리 사람들에게도

좀 빌려다오.

_ 〈동아일보〉 "횡설수설" 1971년 2월 6일

3세 수고양이
옥자 양의
사 연

1920년대 후반부터 신문에는 '고양이 자살[猫自殺]'이라는 단어가 등장하기 시작한다. 언뜻 생각하면 고양이가 스스로 죽었다고 받아들이기 쉽지만, 사실 이 단어는 사람이 쥐약을 먹고 목숨을 끊은 것을 가리키는 말이다. 도대체 왜 사람이 쥐약으로 자살한 사건을 쥐도 사람도 아닌 고양이로 바꿔 불렀던 것일까? 이는 당시 시판되던 쥐약 이름이 '고양이가 필요 없다'는 뜻의 '네코이라스描イラズ'였던 점과 관련이 있다. 쥐약을 먹고 자살하는 일을 쥐약의 대명사였던 이 상표의 이름을 따서 '네코이라스 자살'이라 부르다가, 간단히 줄여 '고양이 자살'이라 하게 된 것이다.

안타까운 사실은 이 말이 관용적인 표현에 그치지 않았다는 것이다. 정말로 고양이가 쥐약을 먹고 죽는 일은 빈번하게 일어났다. 1938년 서울에 거주하던 한 일본인 부부의 이야기를 보자. 그들은 고양이 한 마리를 '다마고玉子'라 부르면서 애지중지 키우고 있었는데, 어느 날 이 고양이가 갑자기 시름시름 앓더니 곧 애처로운 비명을 남긴 채 귀여운 두 눈을 영원히 감고 말았다. 이에 부부는 평소 고양이와 사이가 좋지 않던 이웃집 셰퍼드를 범인으로 지목했지만 이윽고 부검을 통해 뜻밖의 진상이 드러났다.

마침내 검은 고양이 옥자 양의 사인을 전문 의사에게 해부 감정키로 하고 21일 부내 황금정 3정목 전흑田黑이라는 수의박사에게 옥자 양의 시체 해부를 의뢰하여 해부한 결과 옥자 양은 쥐 잡는 약을 먹은 쥐를 잡아먹고 자살(?)한 것이라는 것이 판명되었다 한다. 해부가 끝나자 가등미자加藤美子는 사랑하는 고양이의 시체를 갖다 22일 비단옷으로 싸서 매장을 하였다는데 그처럼 가등미자가 사랑한 '옥자'는 지금으로부터 4년 전 동경東京에서 50원을 주고 사 온 금년 3세의 수

〈요미우리신문〉의 네코이라스 광고

왼쪽은 1912년, 오른쪽은 1932년도에 제작된 것이다.

고양이라고.

_〈동아일보〉 "흑묘 옥자의 급사로 피의자 견군 호출" 1938년 6월 24일

당시 쥐약의 주성분이던 황린黃燐의 독성이 강한 나머지, 쥐의 사체를 먹은 옥자 양에게도 황린이 축적되어버린 것이다. 하지만 기사에 나타나듯 사람들은 이 같은 고양이의 죽음을 '자살'로 명명했다. 사람이 쥐약을 먹고 죽는 '고양이 자살'에 빗대어 바라본 셈이다. 물론 고양이 입장에서는 인간이 친 쥐약 때문에 날벼락을 맞은 일을 자살이라고 하는 것이 몹시 부당하다고 하겠다.

이처럼 쥐를 잡으려고 쓴 약에 엉뚱한 고양이가 죽자, 때로는 천적이 사라진 쥐가 더 활개 치는 결과가 야기되기도 했다. 그래서 광복 이후에는 차라리 쥐약을 쓰기보다 고양이를 인위적으로 번식시켜 쥐를 퇴치하자는 주장이 종종 제기되었다. "해방 후 '쥐약'을 남용하여 오히려 쥐가 더욱 들끓게 하는 결과가 되었다" "쥐는 못 죽이고 고양이만 죽일 바에는 차라리 쥐약을 쓰지 않는 것이 상책이리라" 하고 일갈한 1957년의 〈경향신문〉 기사가 대표적이다.

고양이로 분장해 쥐 잡는 모습을 묘사한 1959년의 쥐약 광고
"쥐에게는 천하의 진미과자, 먹으면 즉각 황천,
원료는 미제 깡통쥐약"이라는 문구가 적혀 있다.

1971년 전남 여수시 평도平島에서 온 소식은 실제로 마을 곳곳에 고양이를 보급해 성공을 거둔 경우를 보여 준다.

송宋 씨는 마을 공동으로 해초를 따서 판 돈 3만 원으로 고양이 17마리를 사들였다. 처음에 사들인 고양이는 각 가정에 나눠 줘 기르게 했으나, 쥐약 먹은 쥐를 잡아먹어 대부분 죽는 바람에 일부 주민들 사이에서 "고양이도 별 효과가 없다"는 불평까지 터져 나왔다. 그러나 정鄭 이장과 송 씨는 이에 굴하지 않고 다시 2만 5천 원의 자금을 마련, 고양이 13마리를 더 사들여 2가구에 나눠 주고 책임제로 고양이를 기르도록 했다. … 이제 이 부락에서 쥐는 구경할 수도 없게 됐고, 부락민들의 7년간에 걸친 피와 땀의 결정으로 20마리의 고양이는 450마리로 불어났다.

_〈경향신문〉 "쥐 없는 마을: 남해 외딴섬 평도" 1971년 3월 25일

이후 쥐에게만 효과가 있고 다른 동물에게는 해롭지 않은 쥐약이 꾸준히 연구되고 보도되었지만, 실질적으로 큰 성과가 없었는지 1982년까지도 여전히 가정의 고양이가 쥐약을 먹고 죽는 사건이 있었다. 그나마 1990년대에 이르러 사람이 먹어도 곧바로 죽지 않는 지효성 쥐약이 시중에 판매되고 쥐 자체가 도시에서 대부분 퇴치되며 일상적으로 쥐약을 쓰는 일이 사라졌으니 사람과 고양이 모두에게 다행스러운 일이 아닐 수 없다.

하지만 고양이가 겪는 수난은 이것으로 끝이 아니었다. 토사구팽兎死狗烹, 토끼를 다 잡으면 사냥개를 잡는다는 말처럼 쥐가 사라지자 이제는 고양이가 도시의 천덕꾸러기가 되어버린 것이다. 1992년부터 지나치게 번식한 고양이들이 근교에서 야생 동물을 닥치는 대로 사냥하고 있다는 기사가 나오기 시작하더니, 공교롭게도 서울시가 실시하던 '쥐잡기 운동'이 사라진 해에는 도시 한복판에서 벌어지는 고양이와 인간의 마찰이 본격적으로 수면 위에 떠올랐다.

서초구 ㅅ 아파트에서는 매일 밤 20여 마리의 고양이가 나타나 단지 안을 휘젓고 다닌다. 고양이들은 주민들이 분리수거해 놓은 음식물 쓰레기를 골라 먹은 뒤 인근 주차장과 풀밭에서 어울려 놀면서 괴성을 질러 소음을 일으키고 있다. 이 아파트에 사는 이 모 씨(60)는 "밤마다 고양이들이 우는 소리에 잠을 이루지 못한다"라며 "새끼가 어미를 찾거나 짝짓기 할 때 나오는 소리를 들으면 소름이 끼칠 정도"라고 말했다.
_〈경향신문〉 "남산 고양이, 북한산 들개: 숲속의 무법자" 1997년 9월 26일

급기야 성질 급한 사람들은 조선 후기의 이재의가, 구한 말의 알렌이 그랬던 것처럼 고양이와의 전쟁을 선언하기에 이른다. 여기서도 어김없이 등장한 것이 바로 '쥐약'이었다. 쥐약에 고양이가 죽는다는 것을 기억하고 있던 사람들은 고약하게도 고양이 밥에 쥐약을 섞어 놔두었으니, 쥐를 잡으라고 만든 약이 쥐 잡는 고양이를 해치는 데 쓰이는 아이러니한 일이었다. 지금도 가끔씩 찾아볼 수 있는 이러한 광경은 인간이 주위의 동물들에게 얼마나 잔인해질 수 있는지 보여 주는 단면이기도 하다. 고양이는 종 차원에서 인간을 통해 지구를 정복했지만 인간의 욕심으로 알게 모르게 끊임없이 고통받았고, 이는 최근까지도 예외가 아니었던 것이다.

고 양 이
무 료 로
진찰해드립니다

고양이는 인간에게 많은 상처를 받았으나 때로는 인간이 나서서 고양이를 보호하는 일도 있었다. 이러한 움직임은 서울에 머물던 각국 외교관의 부인들이 발족한 '동물학대방지회'(1924)로 거슬러 올라간다. 동물보호 운동은 이른바 근대의 수입품이었던 것이다.

동물학대방지회는 서울 도처에 소와 말이 지나다니며 이용할 수 있는 급수대를 설치한 것을 시작으로, 지방에서 동물보호를 선전하는 강연을 개최하고 길거리에서 벌어지는 동물학대를 단속하는 사람을 두었다.

다만 주권을 빼앗기고 각박한 시대를 살아가던 사람들에

게 이러한 변화는 그닥 달가운 일이 아니었다. 동물학대방지회는 종종 냉소와 비꼼의 대상이 되어 "먼저 당신네가 학대하는 모든 불쌍한 사람의 학대방지회를 먼저 발기하시오"와 같은 신문 논평을 받았다. 또한 동물보호에 관심 없는 주민들이 급수대의 물을 퍼 가거나 빨래를 하는 바람에 물이 오염되고, 이를 막기 위해 급수대에 채워 둔 자물쇠마저 도난당하는 등 좌충우돌을 면치 못했다. 급기야 이것이 주먹질로 이어지는 경우도 왕왕 있었다.

동물학대방지회 순시 중림동 20번지 이안칠李安七이 지난 5일 오후 4시경 경성역 뒤편에서 빈 마차를 타고 가는 마차부를 보고 말을 사랑하여 내려감이 좋지 않으냐고 충고하였더니, 마차부 김흥복金興福은 분개하여 자기 동무들과 합력하여 순시 이안칠을 구타하여 인사불성에 이르게 한 것을 지나가던 사람이 구해 내서 세브란스 병원에 입원하게 하였는데…

_〈동아일보〉 "죽을 매를 맞고 애아愛兒까지 상실: 동물학대 방지 미담"

1929년 6월 10일

김종호金鐘鎬는 동물학대방지회의 발기인으로 XX 방적회사의 사장이라고 한다. 그는 한 마리의 고양이를 기르고 있는데, 하루는 하녀가 고양이에게 주는 고기를 충분히 익혀 주지 않았다고 하며 하녀를 혼내었으니, 그를 들은 하녀의 남편은 방적회사의 직공을 선동하여 동물학대방지회의 연설자의 석상에서 동물의 학대를 방지하기 전에 인간의 학대를 방지하라, 그리고 □□ 위에 올라가라고 소리쳐 김金의 죄악을 폭로했다.

_〈조선출판경찰월보〉 "불허가 출판물 기사요지: 광명을 얻기까지"
1933년 3월 6일

이러한 충돌에도 동물학대방지회는 조선총독부의 지원을 받으며 비중 있는 민간단체로 성장하게 되었고, 커진 영향력을 바탕으로 자신들의 목표를 소극적인 '학대 방지'에서 적극적인 '동물 사랑'으로 심화시킬 수 있었다. '세계 고양이의 날'과 같이 '동물애호의 날'을 정해 해마다 동물들을 진료하고 1930년에 이르러서는 단체 이름을 '동물애호회'로 바꾼 사실이 이를 보여 준다.

'동물학대방지회'가 '동물애호회'로 개칭된 사실을 전하는 〈매일신보〉 기사

이 시기 국내에는 수의학 기반이 미비한 실정이었기 때문에 고양이를 키우는 사람들에게 동물애호의 날에 제공되는 의료 지원은 특히 중요했다. 비록 동물애호회가 주장하는 동물 사랑의 초점은 사람에게 직접적으로 봉사하는 사역 동물에 맞춰져 있었지만, 관련 기록에서 우리는 고양이에 대한 한국 최초의 진료가 이루어졌음을 찾을 수 있다.

조선동물애호회와 경성학생승마연맹 주최로 오는 8일을 동물애호'데이'로 하여 여러 가지를 시행하리라 한다. 그는 사역하는 동물의 위안과 급수, 사료와 좋아하는 것을 주고 소와 말, 개, 고양이들을 무료로 진찰하리라 한다.

_〈동아일보〉 "동물애호데이: 무료로 진찰해" 1934년 9월 6일

그런데 왕성하게 존재감을 드러내던 동물애호회는 1937년 7월 중일전쟁이 시작되면서 상당한 왜곡과 위축을 겪는다. 비상시국에 따라 조선총독부의 지원이 전쟁에 집중되자 동물애호의 날과 같은 행사가 더 이상 열리지 않게 된 것이다. 전쟁이 발발한 이듬해 동물애호회는 동물을 사랑하자는 처음의 취지를 망각한 채 "종군 군마의 현지 위문과 전사한 군용 동물의 위령제 집행" 따위를 실시하는 어용 단체로 전락하고 말았다. 심지어 그마저도 전쟁에 여유가 있을 때 가능한 일이어서, 1940년을 끝으로 실질적인 해산 수순에 접어들었다.

이렇게 민간 차원의 동물보호 운동은 단절되었으나, 대학에서는 서양에서 들어온 수의학 교육이 성장하고 있었다. 중일전쟁 직전 수원고등농림학교에 신설된 수의과가 전쟁 중에도 꾸준히 졸업생을 배출했기 때문이다. 이러한 노력으

서울대 수의학부와 부속 동물병원 설치 소식을 전하는 〈자유신문〉 기사

로 광복 직후 서울대학교에는 한국 최초의 공식 동물병원이
세워졌다. 이제 고양이들이 정식으로 진찰과 치료를 받을
수 있게 된 것이다.

작년 9월 조선에 처음 설치된 국립서울대학관 내의 수의학
부 안에는 부속으로 '동물병원'도 신설되었는데, 군정장관
'윌리엄 딘' 소장은 며칠 전 이곳을 시찰하여 교직원과 연구

생들을 격려하였다. 과학적으로 일반 짐승들에 관한 것을 연구하며 또 개, 고양이, 돼지, 말, 소 등 일반 가축들의 질병에 대해서 가장 현대적인 치료를 해 주고 또 증상이 심한 경우에는 입원까지 시켜 완전한 치료를 해 주기로 되었다 한다.

_ 〈자유신문〉 "조선 초유의 수의학부와 동물병원: 딘 군정장관 시찰"
1948년 3월 19일

하지만 오래지 않아 한반도 전역을 초토화한 6·25전쟁이 벌어지면서 동물보호와 관련된 움직임은 다시 일어날 기회를 잃고 말았다. 전쟁 중에는 하루하루 먹고 살기도 힘겨웠고, 전쟁 후에는 동물보호 운동의 주된 대상이었던 소와 말의 쓰임이 기계의 힘으로 대체되었기 때문이다. 1960년대까지도 '동물보호'라는 말은 야생 속의 희귀 동식물을 보전하는 일을 가리키는 말이었지, 일상에서 흔히 접하는 고양이나 개와 같은 동물에게 해당하는 말이 아니었다.

반 려 동 물 의
시   대   와
랜 선   집 사

갑작스러운 전쟁들로 동물보호 운동에 대한 관심은 꺼져 갔
지만 동물 사랑의 불씨는 사라지지 않았다. 공초空超 오상
순吳相淳 시인이 1940년대에 인연을 맺었던 '안나'라는 고
양이와 관련된 일화는 지금의 고양이 보호자들이 갖고 있는
애정에 못지않다.

　어느 날 공초 집안에 초상이 났다는 부고장이 친구들에게 배
　달되었다. 딸이 죽었다는 것이었다. 딸을 두었다는 말을 들어
　보지 못했던 친구들은 반신반의하면서 어쨌든 초상집에 모
　여들었다. 공초가 관을 마련하고 병풍마저 둘러치고 슬피 우

니 영락없는 상가 분위기였다. 알고 보니 그가 평소에 딸처럼 키우던 '안나'라는 이름의 고양이가 죽었다는 것이었다. 허겁지겁 달려온 친구들은 어처구니가 없었으나 이윽고는 동물을 사랑하는 그의 고매한 마음씨를 받아들여 '안나'의 장례식에 겸허한 자세로 참석했다.

_〈경향신문〉 "문단이면사 (1) 공초와 안나" 1983년 2월 5일

그러던 중 외국에서 들어오는 여러 소식이 동물보호 운동에 다시 불을 지핀다. 이 시기의 신문 기사를 보면 "위성에 개 태웠다고 항의" "개·고양이 동물만찬회 계획"과 같이 한국과는 다른 동물에 대한 인식을 전해 주는 이야기가 실려 있다. 특히 잉그리드 버그만Ingrid Bergman이나 브리지트 바르도Brigitte Bardot와 같은 톱스타들이 동물보호 운동에 적극 참여하는 모습은 국경을 뛰어넘는 참신한 충격이었다. 이러한 해외의 운동에 동조하는 한국 청소년들은 독자적인 '동물사랑모임'을 결성하고, 프랑스의 동물애호 단체와 긴밀한 연대를 맺었다.

오는 13일부터 한 주일 동안 서울 중앙공보관에서 "동물애호 계몽전시회"가 열린다. 이 색다른 이름의 전시회는 중·고교 생들끼리의 클럽인 "동물사랑모임"이 주최한 것이다. 제이· 아·아(J.A.A. = Club Du Jeune Ami des Animaux)라는 불어 명칭을 갖고 있는 이 모임은 3년 전부터 '동물을 지독히 귀여 워하는 아름다운 마음씨의 학생'들이 한둘 모이기 시작해 오 늘에 이르렀다.

… 동물사랑모임 회원들은 매주 모여서 회의를 연다. 회의 장 소는 동물원 뜰. 회원들 가운데는 불행히도 동물을 가진 사람 이 몇몇 안돼 하는 수 없이 창경원을 거닐며 거기에 있는 동 물들을 돌봐 준다. 동물을 감상하는 셈이다. 회장 유 군은 제 법 어른스럽게 "동물을 사랑하는 그 마음씨는 바로 인류를 위하는 마음씨와도 통합니다"라고 말했다.

_〈경향신문〉 "동물애와 통하는 인류애" 1963년 8월 12일

아쉽게도 이후 동물사랑모임이 어떠한 방향으로 발전하 고 또 사라졌는지 확인할 수 있는 기록은 부족하다. 하지만 동물을 바라보는 보통 사람들의 시선은 분명히 바뀌고 있었

Le club
du J.A.A.

JEUNE Ami des Animaux !
N'en êtes-vous pas presque
tous et toutes, et le Club
crée pour vous par Jean-Paul,
ce jeune garçon plein de cœur
et d'idéal, n'est-il pas celui
d'un grand nombre de
Loutou !

Ainsi, ces trois bêtes :
J.A.A., suffisent désormais
pour rallier nos lecteurs à la
plus touchante des causes.

En effet, vous voyez qui êtes
les jeunes filles et les femmes
de demain, si vous apprenez
aujourd'hui à gâter, à proté-
ger, à soigner les bêtes, vous
contribuez de la faire. Alors,
il n'y aura plus d'adultes pour
abandonner en chien isolé, un
chat fervettes pour exploiter
la résistance d'un cheval ou la
caresser bolograise d'un ane-
reau pour sacrifier et martyri-
ser méchamment un être vivant
qui n'a pas le droit de se
défendre.

De plus, et je regrette, ni la
devise même du club : l'enfant
qui soit se pencher sur l'animal
souffrant saura un jour tendre
la main à son frère... Alors,
vive le J.A.A., son club, ses
buts, ses réunions !

Anne CLAIRMARAIS.

1. Au club du J.A.A., tous les animaux retrouvent une sorte de paradis terrestre où règne la sécurité. Cette pie, trouvée épuisée dans la rue et sauvée par l'un des membres, vit librement avec Jacqueline.

2. Nelita est Jean-Paul qui vous parie elle ne sur confiserie reçoivent, tendent tous toutes aussi votre production des animaux soins de son jardin. Pour cela il s'efforce de tous les faire connaître.

3. Tchatchacha !... La pie est insolente qu'avec les hommes et les torque de son cri gaussant. Elle n'aime pas non plus beaucoup les chats, mais les chiens sont ses amis et elle daigne boire leur eau fraîche.

4. Si vous rencontrez une série de bonde couleur d'feuilles mortes, ne la pretez pas pour une vache de vite avec laquelle il serait apprivoisé de tenir au l'enfant. C'est un faux serpent devant les insectes.

5. Ces deux Jeunes Amis des Animaux ont lutté longtemps avant de se familiariser avec les couleuvres apprivoisées de Jean-Paul. Mais jamais ils ne sacrifieront l'une de ces innocentes bêtes pour les avoir prises pour des vipères.

— 2 —

1962년 프랑스 J.A.A.의 회원들

다. 무엇보다 산업화를 통해 전반적인 생활 수준이 높아지자 자연스럽게 동물을 돌아볼 수 있는 씀씀이가 생겨났고, 고양이나 개를 기르는 일도 더 이상 부자들의 전유물이 아닌 대중문화가 되었다. 한 승객이 강아지를 데리고 버스에 탔다가 탑승을 거부당한 사건*은 '애완동물'이 많아진 모습과 함께, 아직까지 애완동물과 인간의 공존에 필요한 에티켓은 정착되지 못했다는 점을 보여 준다.

이러한 상황에서 동물보호 운동을 통해 애완동물의 지위를 사람과 동등한 '반려동물'로 격상시키는 데 지대한 공헌을 한 사람이 유기동물의 대모라고 불리는 금선란 씨다. 1982년 남편의 약국에 들끓는 쥐를 잡기 위해 고양이를 사러 가던 금선란 씨는 피부병에 걸린 채 하수구에 버려져 있던 어린 고양이를 구조하면서 동물보호 운동에 뛰어들게 되었다고 한다. 이렇게 사람에게 버림받은 개와 고양이를 구조한 것이 백 마리가 넘어가자 그녀가 재산을 털어서 장만

---

* 〈동아일보〉 "버스 안의 강아지 동승에 운전자는 화를 내야 하나" 1974년 3월 21일

한 새집은 자연스럽게 유기동물들의 보호소로 바뀌었다. 마침내 금선란 씨는 국내의 다른 동물보호 운동가들과 연대해 1991년 공식적으로 재단법인 '한국동물보호협회'를 발족하기에 이르렀고, 같은 시기에 제정된 '동물보호법'은 그들의 꾸준한 노력이 거둔 빛나는 성과였다.

하지만 이와 별개로 90년대에 고양이의 수가 과도하게 증가한 것은 시급히 풀어야 할 문제가 아닐 수 없었다. 대체로 정부기관에서는 덫을 설치하거나 엽총과 올가미로 고양이를 잡는 방안을 추진했지만, 이처럼 효율만을 중시하는 잔인한 방법은 동물보호 운동을 하는 입장에서 결코 받아들일 수 없는 것이었다. "인간의 무관심과 냉대로 집에서 쫓겨나 산으로 피신, 생명 보존의 본능으로 힘겹게 살아가고 있는 고양이를 국가기관이 잔혹한 방법으로 죽이려는 데 경악을 금치 못한다"라는 한국동물보호협회의 성명과 "전체 생태계 보호를 위해 생태계 교란 요소를 인위적으로 줄이는 조치가 필요하다"라는 한국자연보존협회의 견해 차이는 지금까지도 여러모로 생각할 거리를 남겨 준다.

동물보호 운동가들이 제시한 방안은 서양에서 이루어지

고 있던 TNR(Trap-Neuter-Return) 사업이었다. 고양이를 포획하고 중성화 수술을 실시한 뒤 풀어 주는 이 방법은 개체 수 조절과 생명권 보호라는 두 입장을 함께 충족시킬 수 있는 대안이었다.

2002년 과천시에서 시작된 TNR 사업은 상당한 성과를 거두었고 점차 많은 지방자치단체로 확산되었다. 그러나 서울시 전역에 적용되기까지는 6년의 시간이 필요했기에, 그 이전에 서울시에서 포획된 고양이들에게는 정해진 기간 안에 입양처를 찾지 못하면 안락사 당하는 가혹한 운명이 기다리고 있었다.

지금도 도심을 돌아다니는 고양이는 어렵지 않게 볼 수 있고 해마다 버림받는 고양이의 숫자를 생각하면 떠도는 고양이가 완전히 사라지는 일은 벌어지지 않을 것이다. 하지만 90년대의 규모나 빈도에 비하면 그 갈등을 조절하는 측면에서 인간은 상당한 성공을 거두고 있는 듯하다.

그리고 이제 사람들은 책임지지 못할 바에는 기르지 않고, 기르는 이상 책임을 지려고 노력하게 되었다. 반려동물 문화가 질적으로 성숙함에 따라 쏟게 되는 노력과 비용, 고양이를 키우는 과정에서 겪는 이웃과의 마찰에 대한 부담이 상대적으로 커졌기 때문이다.

중성화된
고양이의 귀

〈TV 동물농장〉과 같은 동물 프로그램이나 고양이 보호자들이 제작하는 유튜브 영상(이른바 '펫방') 등을 통해 간접적으로 고양이에 대해 배우고 책임감을 느낄 수 있는 기회가 많아졌다는 점 또한 고양이와의 생활을 쉽게 선택하지 않는 이유가 되었다. 영상을 보는 사람들은 자신을 '랜선 집사'라 일컬으며 직접 고양이를 키우기보다 시청하는 것만으로 만족을 얻고 있다. 하지만 빛이 있으면 어둠이 있는 법. SNS의 슈퍼스타가 된 반려묘들 맞은편에는 여전히 다수의 길고양이가 있다.

농림축산식품부에 따르면 2015~2019년 사이 버려진 고양이의 수는 꾸준히 증가했다고 한다. 다시 입양되는 경우도 늘고 있지만 유기된 고양이의 증가세에 비하면 턱없이 부족하다. 고양이와 인간의 행복한 동행을 위해, 우리는 앞으로 무엇을 해야 할까?

2010년대에 급격히 성장한 인터넷 문화의 중심에는 '밈meme'이라는 개념이 있다. 리처드 도킨스가《이기적 유전자》에서 제안한 이 개념은 일종의 문화적인 유전자로서, 복제를 통해 사람에게서 사람으로 전파되는 문화 요소다. 대중이 집단으로 전개하는 정보의 창출·유통·변형을 진화론의 관점으로 바라봄으로써 탄생한 것이라 할 수 있다. 한국에서 대표적인 인터넷 밈은 '유행어' 내지 '짤방(게시글 삭제 방지용 사진이나 영상)'이라 하겠다.

고양이와 관련된 밈으로는 '네코미미ねこみみ'를 꼽을 수 있다. 이름에서 알 수 있듯 이것은 본래 일본어로 고양이 귀[猫耳]

를 가리키는 말인데, 캐릭터의 귀여움을 극대화하는 일본 문화의 특성상 고양이를 의인화한 캐릭터가 자주 등장했고 그 결과 고양이 귀 자체가 귀여움을 부여하는 요소로 정착되었던 것이다. '네코미미'는 2000년대 이후 일본 만화 산업이 국내에 지대한 영향을 끼치면서 자연스럽게 소개되었고, 이제 한국 만화와 웹툰에서도 어렵지 않게 볼 수 있다. 다만 고양이 귀를 다른 요소에 덧붙이거나 변형시켜 다루는 경우가 많다. 2007년 인기를 끈 만화《신구미호》나 오늘날 국민 게임으로까지 불리는 〈리그 오브 레전드〉의 챔피언 중 하나인 한국 국적의 '아리Ahri'처럼, 동아시아의 전통적인 영수靈獸 구미호가 인간의 신체에 여우 귀를 달고 나오는 것이 대표적이다.

'떼껄룩'은 그 유래가 좀 더 재미있다. 2011년에 발매되어 서양에서 선풍적인 인기를 끌며 세계적인 위상을 갖게 된 게임 〈엘더스크롤 5: 스카이림〉에는 반인반묘半人半猫 종족 '카짓 Khajiit'이 등장한다. 집시와 같은 떠돌이 민족이라는 설정이고 이들의 억양도 아랍계 또는 중국계를 연상시킬 만큼 이질성이 두드러진다. 게임 속에서 물건을 사기 위해 카짓에게 말을 걸면 "Take a look(둘러보시오)"이라는 음성이 나오는데, 이 소리가 특유의 억양 때문에 "떼껄룩"으로 들린다는 데서 밈이 시작되었다. '떼껄룩'이라는 말이 게임 속의 종족을 넘어, 현실의 고양이를 가리키는 말로 의미가 확장된 것이다.

'네코미미'와 '떼껄룩'은 밈이 어떻게 만들어져 소비되고 변형되어 재창출되는지 보여 준다는 점에서 자못 흥미로운 사례다. 역사 이전 시대의 고양이가 생물학적 차원에서 진화의 길을 걸어왔다면, 오늘날의 고양이는 인간의 손에 의해 인터넷 공간에서도 진화의 길을 걸어가고 있는 셈이다.

830년경	당나라에 살던 고양이가 장보고 선단과 함께 신라에 상륙하다
1100년경	고려인들에게서 '괴니'라는 이름을 얻다
1200년경	이규보에게 쥐 잡는 일을 부탁받다
1380년경	추운 겨울, 화롯가에 드러누워 이색과 놀다
1417년	집사 신효창을 괴롭히던 양녕대군이 혼쭐나다
1477년	오원자가 자신을 오해했던 서거정에게 사과를 받다
1504년	연산군 침전에 살던 고양이가 가출하다
1569년	주막의 고양이가 과거를 앞둔 신숙이 휘두른 부채에 놀라다
1580년경	고양이라 놀림 받은 이산해가 정철에게 유감을 품다
1610년	개박하의 효과가 《동의보감》에 소개되다
1625년	종묘에 차려진 고기를 물어 오는 데 성공하다
1650년경	선비들이 사랑보다 훈육을 강조하기 시작하다
1652년경	숙명공주를 집사로 삼은 고양이가 항상 품에 안겨 다니다
1720년	숙종을 잃은 금손이 슬피 울다 죽다
1750년경	화가 변상벽이 그린 고양이 초상화가 불티나게 팔리다
	거리를 떠도는 고양이의 수가 늘고, 이들을 돌보는 묘마마가 나타나다
1780년경	궁궐에서 쥐를 사냥하던 고양이가 정조의 명으로 쫓겨나다

1800년경	덫에 걸려 죽는 고양이가 많아지다
1821년	쥐병(콜레라)이 유행하자 인간들이 고양이 부적을 만들다
1863년	함경도에 주둔한 부대의 고양이가 행운의 상징으로 대접받다
1883년	한양의 고양이가 점차 사라지고, 집집마다 개가 살다
1890년경	서양에서 온 고양이들이 조선에 발을 딛다
1920년경	일본인의 집에 살던 고양이가 맥주병을 든 조선인에게 맞다
	몇몇 고양이들이 신문에 소개되다
1930년경	동물애호 운동을 하는 인간들에게 무료 진찰을 받다
1938년	독한 쥐약 때문에 엉뚱한 고양이가 목숨을 잃다
1948년	서울대학교에 한국 최초의 동물병원이 설립되다
1970년대	애완동물 문화가 퍼지면서 집사가 많아지다
1990년대	거리에 사는 고양이들이 해코지당하기 시작하다
2002년	집 없는 고양이들이 사라졌다가 중성화되어 나타나다
2018년	'펫방'을 통해 일부 고양이들이 인터넷 스타가 되다

고양이 조상들의 오디세이

원시 고양이의 지구별 대모험

다니엘 라코트, 김희진 역,《고양이의 기묘한 역사》, 사람의무늬, 2012, 13~29

도널드 R. 프로세로, 김정은 역,《공룡 이후: 신생대 6500만 년, 포유류 진화의 역사》, 뿌리와이파리, 2013, 253~351

송지영,《검치호랑이: 신생대 최강의 포식자》, 시그마프레스, 2007, 113~134

Lars Werdelin, Nobuyuki Yamaguchi, Warren E. Johnson, and Stephen J. O'Brien, 2010, "Phylogeny and evolution of cats (Felidae)", *Biology and Conservation of Wild Felids*, 59~82 (Oxford University Press)

Stephen J. O'Brien, Warren E. Johnson, July 2007, "The Evolution of Cats", *Scientific American* 297, 68~75

고양이와 인간의 첫 만남

다니엘 라코트, 김희진 역, 앞의 책, 30~61

스티븐 부디안스키, 이상원 역,《고양이에 대하여: 생물학과 동물 심리학으로 풀어 본 고양이의 신비》, 사이언스북스, 2005, 14~50

조르주 루, 김유기 역, 《메소포타미아의 역사 I》, 한국문화사, 2013, 44~62

줄리엣 클루톤브룩, 김준민 역, 《포유동물의 가축화 역사》, 민음사, 1996, 143~145

진중권, 《고로 나는 존재하는 고양이: 지혜로운 집사가 되기 위한 지침서》, 천년의상상, 2017, 32~45

클라아스 R. 빈호프, 배희숙 역, 《고대 오리엔트 역사: 알렉산더 대왕 시대까지》, 한국문화사, 2015, 91~92

Carlos A. Driscoll, Juliet Clutton-Brock, Andrew C. Kitchener, Stephen J. O'Brien, June 2009, "The Evolution of House Cats", *Scientific American*, 68~75

Claudio Ottoni, Wim Van Neer, Bea De Cupere, Julien Daligault, et al., June 2017, "The palaeogenetics of cat dispersal in the ancient world", *Nature Ecology & Evolution*

Jean-Denis Vigne, Jean Guilaine, Karyne Debue, et al., April 2004, "Early Taming of the Cat in Cyprus", Science, 259

James A. Serpell, 2013, "Domestication and history of the cat", *The domestic cat, the biology of its behaviour*, 83~100 (Cambridge University Press)

동아시아의 터줏대감, 삵

마웨이두, 이소정 역, 《고양이 관장님의 옛날이야기: 묘귀에서 친구로, 전설과 역사 속 고양이와 만나다》, 위즈덤하우스, 2019, 9~20

브라이언 페이건·크리스토퍼 스카레, 이청규 역, 《고대 문명의 이해》, 사회평론아카데미, 2015, 262~273

신성곤·윤혜영, 《한국인을 위한 중국사》, 서해문집, 2004, 21~23

오세은, 〈중국문명의 형성과 초기 발전단계의 사회경제 연구〉, 《중국 문명탐원 공정과 선사고고학 연구현황 분석》, 동북아역사재단, 2008, 145~152

조태섭, 《화석환경학과 한국 구석기시대의 동물화석》, 혜안, 2005, 135~219 ; 260~263

조흥섭, "중국 5천년 전 한때 삵 길렀다", 〈한겨레〉, 2016. 1. 28.

한스외르크 퀴스터, 송소민 역, 《곡물의 역사: 최초의 경작지에서부터 현대의
슈퍼마켓까지》, 서해문집, 2016, 85~109

Jean-Denis Vigne, Allowen Evin, Thomas Cucchi, Lingling Dai, Chong
Yu, Songmei Hu, et al., January 2016, "Earliest "Domestic" Cats
in China Identified as Leopard Cat (Prionailurus bengalensis)", *PLoS
ONE*

삵과 고양이의 엇갈린 운명

스티븐 부디안스키, 이상원 역, 앞의 책, 106~111

오세은, 앞의 글, 145~152

정수일, 《고대문명교류사》, 사계절, 2001, 399~462

정재훈, "[新 실크로드 열전] ② 한나라 장건 서쪽 길을 뚫다", 〈조선비즈〉,
2015. 11. 6.

정재훈, 〈흉노를 넘어 저 멀리 서쪽으로 가는 길을 뚫은 장건〉, 《유라시아로의
시간 여행: 새롭게 쓴 실크로드 여행가 열전》, 사계절, 2018, 30~41

Étienne de La Vaissière, Translated by James Ward, 2005, Sogdian Trad-
ers: A History, 25~34 (Brill)

Mei Jianjun, December 2003, "Cultural Interaction between China and
Central Asia during the Bronze Age", *Proceedings of the British
Academy*, 1~39

Jean-Denis Vigne, Allowen Evin, Thomas Cucchi, Lingling Dai, Chong
Yu, Songmei Hu, et al., January 2016, *Ibid*

고양이, 한국에 상륙하다

한반도의 살쾡이들

국립경주박물관, 〈국립경주박물관내 우물 출토 동물유체〉, 국립경주박물관 학

술조사보고 25, 국립박물관문화재단, 2011

권덕영, 〈신라 '군자국' 이미지의 형성〉, 《한국사연구》 153, 한국사연구회, 2011, 159~190

김권구·공민규 편, 《청동기시대의 고고학 3: 취락》, 서경문화사, 2014, 57~78

〈집모양 토기(신수1108)〉, 국립중앙박물관

송은숙, 〈신석기시대 생계방식의 변천과 남부 내륙지역 농경의 개시〉, 《호남고고학보》 14, 호남고고학회, 2001, 95~118

안덕임, 〈한국선사시대의 식생활: 동물성식료〉, 《동아시아식생활학회지》 3(2), 동아시아식생활학회, 1993, 189~198

우정연, 〈금강중류 남부 송국리유형 상한 재고: 송국리유적과 그 주변 유적을 중심으로〉, 《호서고고학》 23, 호서고고학회, 2010, 144~179

이준정, 〈작물 섭취량 변화를 통해 본 농경의 전개 과정: 한반도 유적 출토 인골에 대한 안정동위원소 분석 결과를 중심으로〉, 《한국상고사학보》 73, 한국상고사학회, 2011, 31~66

이충민, 〈우리나라 신석기시대 포유동물상 연구〉, 연세대학교 대학원 석사학위논문, 2011

정한덕, 《일본의 고고학》, 학연문화사, 2002, 138~224

천선행, 〈한국 무문토기문화의 공간적 범위에 대하여〉, 《한국청동기학보》 22, 한국청동기학회, 2018, 26~48

한국고고학회, 《한국 고고학 강의》, 사회평론, 2015, 51~120

허윤희, "우물에 던져진 아이⋯ 9세기 신라엔 무슨 일이?", 〈조선일보〉, 2011. 6. 3.

"判明!!日本最古のイエネコの骨 〈カラカミ遺跡〉遺構から発掘 10月にも 正式発表", 〈壱岐新聞社〉, 2014. 9. 5.

"日本最古のイエネコ?", 国立歴史民俗博物館 전시 안내문, 2019. 3. 27.

장보고 선단이 데려온 고양이

강봉룡, 〈해상왕 장보고의 동북아 국제 해상무역체제〉, 《해상왕 장보고의 국제무역활동과 물류》, 주류성, 2001, 161~246

권덕영, 《재당 신라인사회 연구》, 일조각, 2005, 47~68 ; 121~157 ; 177~302

김창석, 〈8세기 신라·일본간 외교관계의 추이: 752년 교역의 성격 검토를 중심으로〉, 《역사학보》 184, 역사학회, 2004, 1~39

김현숙, 〈말갈에 대한 고구려의 지배 방식〉, 《고구려의 영역지배방식 연구》, 모시는사람들, 2005, 438~479

민성규·최재수, 〈당나라의 무역관리제도와 황해해상무역의 관리기구〉, 《해상왕 장보고의 국제무역활동과 물류》, 주류성, 2001, 101~160

이유진, 〈8~9세기 동아시아 세계의 대외관계와 교역〉, 《해상왕 장보고의 국제무역활동과 물류》, 주류성, 2001, 69~100

近藤 浩一, 〈경덕왕대 왕자 김태렴의 일본파견 사정: 신라 국내 정치와 관련하여〉, 《한국고대사탐구》 5, 한국고대사탐구학회, 2010, 97~124

李成市, 김창석 역, 《동아시아의 왕권과 교역: 신라·발해와 정창원 보물》, 청년사, 1999, 89~197

E. O. 라이샤워, 조성을 역, 《중국 중세사회로의 여행: 라이샤워가 풀어쓴 엔닌의 일기》, 한울, 1991, 268~288

"猫の日本史: 日本靈異記の〈猫〉正月一日にこっそり現れる", 猫ジャーナル, 2014. 8. 15.

"猫の日本史: 日本最古の飼い猫記録'宇多天皇の〈うちの御ねこ〉", 猫ジャーナル, 2014. 9. 29.

아기 고양이를 얻은 이규보

고려시대 사료 Database , 《보한집》

한국고전종합DB, 《동문선》

한국고전종합DB, 《동국이상국집》

한국고전종합DB, 《해동역사》

이기문, 〈계림유사의 재검토: 주로 음운사의 관점에서〉, 《동아문화》 8, 서울대학교 동아문화연구소, 1968, 238~239

이종문, 〈고려전기의 시승 혜소에 관한 고찰〉, 《대동한문학》 24, 대동한문학회, 2006, 261~282

고려시대 사료 Database ,《고려사》
고려시대 사료 Database ,《고려사절요》
고려시대 사료 Database ,《보한집》
한국고전종합DB,《동국이상국집》
한국고전종합DB,《익재집》
한국고전종합DB,《동각잡기》
김소보·나영아, 〈고대 한국의 도량형 고찰〉,《동아시아식생활학회지》4, 동아
　　시아식생활학회, 1994, 9
이강한, 〈1270~80년대 고려내 응·방 운영 및 대외무역〉,《한국사연구》146, 한
　　국사연구회, 2009, 75~117
이강한, 〈몽골과의 전쟁과 교류〉,《21세기에 다시 보는 고려시대의 역사》, 혜
　　안, 2018, 340~351
이준정, 〈한반도 유적 출토 사육종 개의 활용 양상에 대한 고찰: 의도적 매장,
　　의례적 희생 가능성을 중심으로〉,《한국상고사학보》81, 한국상고사학
　　회, 2013, 5~33
정병모, 〈국립중앙박물관소장 팔준도〉,《미술사학연구》189, 1991, 3~26

선 비 들 의 사 랑 을 받 다

목은 선생은 애묘인

고려시대 사료 Database ,《고려사》
한국고전종합DB,《목은집》
한국고전종합DB,《양촌집》
김보경, 〈목은 이색의 버들골살이와 시〉,《동양고전연구》27, 동양고전학회,
　　39~69
김윤주, 〈고려 우왕대 이색과 한수의 교유와 시(詩): "목은시고", "유항시집"의
　　차운시를 중심으로〉,《사학연구》126, 203~244

도현철, 〈유학과 유교의례〉, 《21세기에 다시 보는 고려시대의 역사》, 혜안, 2018, 403~409

박경심, 〈이색의 중화 실천론 연구〉, 《유교사상문화연구》 26, 한국유교학회, 2006, 19~51

이익주, 《《목은집》의 간행과 사료적 가치〉, 《진단학보》 102, 진단학회, 2006, 242~249

이익주, 〈고려 우왕대 이색의 정치적 위상에 대한 연구〉, 《역사와 현실》 68, 한국역사연구회, 2008, 155~187

이익주, 《《목은시고》를 통해 본 고려 말 이색의 일상: 1379년(우왕 5)의 사례〉, 《한국사학보》 32, 고려사학회, 2008, 95~142

금빛 고양이는 수컷이 적다?

고려시대 사료 Database , 《고려사》

조선왕조실록DB, 《태종실록》

한국고전종합DB, 《선택요략》

한국고전종합DB, 《점필재집》

박천식, 〈개국원종공신의 검토: 장관 개국원종공신녹권을 중심으로〉, 《사학연구》 38, 한국사학회, 1984, 277

스티븐 부디안스키, 이상원 역, 앞의 책, 62~64

비단 방석을 깔고 앉아서

한국고전종합DB, 《사가집》

한국고전종합DB, 《허백당집》

한국고전종합DB, 《연려실기술》

단성식, 《유양잡조》

손병기, 〈화재 변상벽의 회화 연구〉, 충북대학교 고고미술사학과 석사학위논문, 2013, 77

행운을 부르는 동물

조선왕조실록DB,《연산군일기》
한국고전종합DB,《눌재집》
한국고전종합DB,《어우집》〈증 예조판서 행 승문판교 신공 묘갈명〉
한국고전종합DB,《연려실기술》
한국고전종합DB,《청성잡기》
한국역대인물종합정보시스템, "신숙: 선조 2년(1569) 기사년 별시 병과 7위"
유몽인, 신익철·이형대,조융희·노영미 역,《어우야담》, 돌베개, 2006, 281
"박눌재와 고양이", 광주광역시 서구문화원

한국사를 뒤흔든 고양이 스캔들

사람 잡는 고양이?

조선왕조실록DB,《연산군일기》
조선왕조실록DB,《선조실록》
조선왕조실록DB,《인조실록》
조선왕조실록DB,《숙종실록》
조선왕조실록DB,《영조실록》
한국고전종합DB,《승정원일기》
한국고전종합DB,《상촌집》〈천조조사장신선후거래성명〉
김경록,〈정유재란기 파병 명군의 구성과 조·명연합군〉,《한일관계사연구》57,
    한일관계사학회, 2017, 123~166

고양이 저주 잔혹사

위키문헌 중문판,《수서(사고전서본)》
위키문헌 중문판,《태평어람(사고전서본)》
조선왕조실록DB,《광해군일기(중초본)》
조선왕조실록DB,《인조실록》

한국고전종합DB, 《광해조일기》
한국고전종합DB, 《대동야승》〈응천일록〉
한국고전종합DB, 《승정원일기》
한국고전종합DB, 《월사집》〈무오문견록〉
마웨이두, 이소정 역, 앞의 책, 21~24
제임스 조지 프레이저, 이경덕 역, 《그림으로 보는 황금가지》, 까치, 1995,
    53~73

고양이가 넘으면 시체가 벌떡!

한국고전종합DB, 《오주연문장전산고》
다니엘 라코트, 김희진 역, 앞의 책, 78~79
단성식, 정환국 역, 《역주 유양잡조 2: 동양편》, 소명출판, 2013
이수라, "상가집에서 고양이를 없애는 유리", 향토문화전자대전
조선총독부, 신종원·한지원 역, 《조선위생풍습록》, 민속원, 2013, 66

고이 재상과 아옹 대감

고려시대 사료 Database , 《고려사》
조선왕조실록DB, 《중종실록》
한국고전종합DB, 《아계유고》
한국고전종합DB, 《연려실기술》
한국고전종합DB, 《한수재집》
박종구, "박종구의 中國 인물 이야기 〈119〉 간신 이의부", 〈광주일보〉, 2018. 2.
    13.
박종기, 《고려 열전: 영웅부터 경계인까지 인물로 읽는 고려사》, 휴머니스트,
    2019, 105~117
이성무, 《재상열전: 조선을 이끈 사람들》, 청아출판사, 2010, 157~169

고양이 눈 속에 담긴 세상

한국고전종합DB,《성호사설》

정종우·김홍식,《조선동물기》, 서해문집, 2014, 92~95

김경,〈조선후기 유서에서의 '고양이' 기록과 그 의미〉,《Journal of Korean Culture》41, 한국어문학국제학술포럼, 2018, 287~319

노상호,〈조선 후기 동물에 대한 지식과 기록: 한반도 서식 식육목의 사례를 중심으로〉,《한국학연구》60, 고려대학교 한국학연구소, 2017, 5~48

이정아, "길쭉한 고양이 눈, 네모난 소 눈, 동그란 사자 눈 눈동자의 법칙",〈동아사이언스〉11, 2015, 40~43

캣닙을 사용한 조선 한의학

한국고전종합DB,《구급이해방》

한국고전종합DB,《승정원일기》

한국고전종합DB,《오주연문장전산고》

한국고전종합DB,《의방유취》

한국고전종합DB,《의림촬요》

한국고전종합DB,《지봉유설》

한의학고전DB,《광제비급》

한의학고전DB,《경악전서》

한의학고전DB,《동의보감》

한의학고전DB,《언해구급방》

한의학고전DB,《의본》

한의학고전DB,《수세비결》

단성식, 정환국 역, 앞의 책

스티븐 부디안스키, 이상원 역, 앞의 책, 196~199

조선총독부, 신종원·한지원 역, 앞의 책, 66

조홍섭, "고양이는 왜 캣닙에 취할까",〈한겨레〉, 2019. 4. 2.

JOHN INNES CENTRE, "How catnip makes the chemical that causes cats to go crazy", EurekAlert!, 2018. 10. 10.

인간의 세계, 고양이의 자리

한국고전종합DB,《무민당집》
한국고전종합DB,《성호사설》
한국고전종합DB,《우암집》
한국고전종합DB,《지봉집》
김경, 〈설에서의 '고양이(猫)' 작품양상과 주제구현 방식〉,《민족문화연구》76, 고려대학교 민족문화연구원, 2017
조경구, "[조경구의 옛글에 비추다] 좋은 백성 만들기", 〈동아일보〉, 2016. 3. 23.

만수무강을 기원한 고양이 그림

韻典綱 DB,《洪武正韻》
박영수,《유물 속의 동물 상징 이야기》, 내일아침, 2005, 170~171
박정혜·황정연·강민기·윤진영,《조선 궁궐의 그림》, 돌베개, 2012, 334~405
손병기, 〈화재 변상벽의 회화 연구〉, 충북대학교 고고미술사학과 석사학위논문, 2013
윤철규,《조선 시대 회화》, 마로니에북스, 2018
이강인, 〈오원 장승업의 생애와 예술세계〉, 세한대학교 미술학과 석사학위논문, 2017
이양재,《오원 장승업의 삶과 예술》, 해들누리, 2002
이태호,《조선후기 회화의 사실정신》, 학고재, 1996, 338~367

가 장 찬 란 한 순 간

숙명공주의 고양이 사랑

조선왕조실록DB,《인조실록》

조선왕조실록DB,《현종실록》

조선왕조실록DB,《숙종실록》

한국고전종합DB,《기봉집》"숙명공주만"

국립청주박물관,《조선 왕실의 한글 편지 숙명신한첩》, 국립청주박물관, 2011, 40

김남운,〈"심양일기"로 본 소현세자의 볼모살이〉,《기록인》38, 국가기록원, 2017, 36~43

김수영,〈효종의《삼국지연의》독서와 번역〉,《국문학연구》32, 국문학회, 2015

노경자,〈17세기 한글편지를 통해 본 왕실 여성들의 삶과 문화: "숙명신한첩"을 중심으로〉,《민족문화》51, 한국고전번역원, 2018, 179~214

송기동, "숙명·숙경공주 태실 터", 향토문화전자대전

조선 종친부,《선원계보기략 7》, 조선 종친부, 1883, 226

지두환,《효종대왕과 친인척》, 역사문화, 2001, 159, 250~259

집사 숙종의 퍼스트 캣

조선왕조실록DB,《숙종실록》

승정원일기DB, "숙종 16년 8월 17일"

승정원일기DB, "영조 1년 11월 9일"

한국고전종합DB,《병산집》"숙종대왕 행장"

한국금석문종합영상정보시스템, "숙빈최씨신도비"

고대욱,〈조선 숙종의 치병에 관한《승정원일기》의 기록 연구〉, 경희대학교 기초한의과학과 박사학위논문, 2015

박용만,〈숙종 어제에 나타나는 숙종의 성품과 인간적 면모〉,《숙종과 숙종시대》, 장서각아카데미 왕실문화강좌, 장서각, 2015

묘마마와 친구가 되다

조선왕조실록DB,《철종실록》

조선왕조실록DB,《고종실록》

한국고전종합DB,《다산시문집》
한국고전종합DB,《오주연문장전산고》
한국고전종합DB,《임하필기》
한국민족문화대백과사전, "임하필기"
강준식,《다시 읽는 하멜표류기》, 웅진닷컴, 2002, 297
이수미, "태평성시도, 새로운 유토피아를 꿈꾸며", 국립중앙박물관, 2020. 2.
　　15.

고양이 가죽 처방을 거부한 영조

조선왕조실록DB,《영조실록》
승정원일기DB, "영조 8년 윤5월 3일"
승정원일기DB, "영조 13년 2월 17일"
승정원일기DB, "영조 13년 4월 3일"
승정원일기DB, "영조 13년 5월 22일"
한국고전종합DB,《하재일기》
한국고전종합DB,《홍재전서》

격 동 하 는 시 대 속 에 서

골칫거리가 된 고양이

국학진흥원 일기류DB,《계암일록》
국학진흥원 일기류DB,《신축년일기》
디지털 장서각,《북학의》
한국고전종합DB,《다산시문집》
한국고전종합DB,《문산집》
한국고전종합DB,《운양집》
한국사DB,《신편한국사》, "조선 후기의 사회"
NAVER 지식백과,《한국언어지도》, "고양이"

김동진, 《조선, 소고기 맛에 빠지다: 소와 소고기로 본 조선의 역사와 문화》, 위즈덤하우스, 2018

정종우·김홍식, 앞의 책, 62~65

스티븐 부디안스키, 이상원 역, 앞의 책, 61

오윤선, 〈한국설화 영역본의 현황과 특징 일고찰: 견묘쟁주설화를 중심으로〉, 《동화와번역》 21, 건국대학교 동화와번역연구소, 2011, 222

유슬기·김경민, 〈조선시대 한양도성 안 동부 지역의 상업도시화 과정〉, 《서울학연구》 67, 서울시립대학교 서울학연구소, 2017

이근열, 〈부산 방언의 어원 연구(1)〉, 《우리말연구》 35, 우리말학회, 2013, 189~190

퍼시벌 로웰, 조경철 역, 《내 기억 속의 조선, 조선 사람들》, 예담, 2001, 199~198

콜레라 잡는 고양이 부적

국가건강정보포털, "콜레라"

네이버 뉴스 라이브러리

대한민국 신문 아카이브

한국사DB, 《고종시대사》

한국사DB, 《조선총독부 관보》

한국사DB, 《한국근현대잡지자료》 "태극학보 제16호"

권기하, 〈1910년대 총독부의 위생사업과 식민지 '신민'의 형성〉, 연세대학교 사학과 석사학위논문, 2010

김신회, 〈1821년 콜레라 창궐과 조선 정부 및 민간의 대응 양상〉, 서울대학교 국사학과 석사학위논문, 2014

박건호, "한 장 증명서 속의 1946년 그리고 오늘", 〈Redian〉, 2019. 5. 22.

박형우, 《제중원》, 몸과마음, 2002, 97~102 ; 252~257

백선례, 〈1919·20년 식민지 조선의 콜레라 방역활동: 방역당국과 조선인의 대응을 중심으로〉, 《사학연구》 101, 한국사학회, 2011

신동원, 《호열자, 조선을 습격하다》, 역사비평사, 2004, 18~86

윤진영, "옛 시절의 전염병과 민화 그림으로 질병에 맞서다", 〈월간민화〉,
2015. 7. 14.

정성화·로버트 네프, 《서양인의 조선살이, 1882~1910》, 푸른역사, 2008,
255~267

조선총독부, 신종원·한지원 역, 앞의 책, 133

Homer B. Hulbert, 〈Could Not Bell The Cat〉, 《THE KOREA REVIEW》 1,
1901

서양 고양이, 바다를 건너다

네이버 뉴스 라이브러리

대한민국 신문 아카이브

한국사DB, 《동아일보》

박형우, 앞의 책, 242~243

오윤선, 앞의 글, 223

정성화·로버트 네프, 앞의 책, 263~267

정윤주, "홀로 있던 집고양이, 인덕션 켜 화재… 예방법은?", 〈YTN〉, 2019. 7.
18.

Horace N. Allen, 《THINGS KOREAN》, Fleming H. Revell Company,
1908, 111~115

Robert Neff, "Korea's Feline Fears", OhmyNews, 2008. 1. 9.

Robert Neff, "Harbingers of evil, disease, death: Feline fears of Joseon",
The Korea Times, 2020. 1. 11.

근대 문학의 세계로 폴짝

공유마당, "벽모(碧毛)의 묘(猫)"

네이버 뉴스 라이브러리

대한민국 신문 아카이브

한국사DB, 《신편한국사》

임용택, 〈한일근대동물시소고〉, 《한국학연구》 28, 인하대학교 한국학연구소,

2012

공존을 향한 발걸음

3세 수고양이 옥자 양의 사연

네이버 뉴스 라이브러리
대한민국 신문 아카이브
재팬 아카이브(ジャパンアーカイブズ)
권원근, "아파트 주택가에 쥐·고양이 '우글'", 〈강원일보〉, 2005. 7. 14.
남종영, "인체 무해하다던 쥐약은 극약이었다", 〈한겨레〉, 2014. 11. 8.
맹준호, "요즘 쥐약은 만성형 몰랐네", 〈중앙일보〉, 2006. 5. 19.
真辺将之, "巷に溢れる〈猫の歴史〉に異議あり！", WASEDA ONLINE, 2020. 2. 28.
"〈猫イラズ〉掛看板", 二〇世紀ひみつ基地, 2005. 4. 3.

고양이 무료로 진찰해드립니다

네이버 뉴스 라이브러리
대한민국 신문 아카이브
한국사DB,《미군정기 자료 주한미군사》
한국사DB,《일제침략하 한국36년사》
한국사DB,《조선출판경찰월보》
최병택, 〈전시체제 하 일제의 물자수급 및 통제정책: 경성의 신탄 수급 통제를 중심으로〉,《역사와현실》53, 한국역사연구회, 2004

반려동물의 시대와 랜선 집사

네이버 뉴스 라이브러리
대한민국 신문 아카이브
금선란, "설립배경", 재단법인 한국동물보호협회, 2005. 9. 11.

김경은·이영은, 《고양이 기르기》, 김영사, 2004

남종영, "중성화, 인간과 고양이의 타협", 〈한겨레21〉, 2005. 4. 26.

농림축산식품부, "동물 보호·복지 실태조사 결과", 동물보호관리시스템 정보
　　공개, 2016~2018

농림축산식품부, "반려동물 보호·복지 실태조사 결과", 농림축산식품부 보도
　　자료, 2019~2020

박성진, "'서울시 '길고양이' 불임수술로 퇴출", 〈MBN〉, 2007. 10. 22.

박주연, 〈반려동물 의료체계의 문제점 및 제도개선 방안〉, 《환경법과 정책》 19,
　　강원대학교 비교법학연구소, 2017

박효민·박서연, 〈반려동물 정책의 쟁점과 대안〉, 《이슈&진단》, 경기연구원,
　　2019

서명수, "당신들이 버린 것은 생명입니다", 〈매일신문〉, 2007. 3. 10.

서울시 동물보호과, "2013년 동물구조·보호 및 길고양이 TNR 사업계획", 서울
　　정보소통광장, 2013. 3. 5.

이소희, "[사지 말고 입양하세요] ①'소통 노력하지만…' 펫방 속 가려진 그늘",
　　〈헤럴드경제〉, 2018. 1. 10.

이임태, "'인간과 동물이 함께하는 행복한 세상'… 버려진 개, 고양이 엄마 금선
　　란 씨", 〈경북매일〉, 2006. 2. 28.

임범, "[아침햇발] '길냥이' 대오 아저씨", 〈한겨레〉, 2006. 4. 27.

이미지 출처